Xavier De Maistre

Expédition nocturne
autour de ma chambre

© 2023 Culturea Editions

Texte et illustration de couverture : © domaine public
Edition : Culturea (Hérault, 34)
Contact : infos@culturea.fr
Retrouvez notre catalogue sur http://culturea.fr
Imprimé en Allemagne par Books on Demand
Design typographique : Derek Murphy
Layout : Reedsy (https://reedsy.com/)

Dépôt légal : janvier 2023
Tous droits réservés pour tous pays

ISBN : 9791041917464

Table des matières

Préface

Xavier de Maistre.

Né à Chambéry en 1763, Xavier de Maistre appartenait à une famille de magistrats. Son père était président du Sénat de Savoie et son frère Joseph fut membre de la même assemblée jusqu'à l'invasion du pays par les Français. Xavier choisit le métier des armes. Officier sarde, il ne voulut point servir le conquérant français. Lorsqu'en 1802 son frère fut nommé par Victor-Emmanuel 1er, ambassadeur à Saint-Pétersbourg, Xavier le suivit en Russie et s'engagea dans l'armée du Tsar. Il participa comme officier aux campagnes du Caucase et de Perse, puis il s'établit dans la capitale russe, qu'il ne quitta plus, sinon pour faire un voyage en France, quelques années avant sa mort. C'est à Saint-Pétersbourg en effet, que Xavier mourut, en 1852.

L'œuvre de Xavier de Maistre n'est pas très abondante, mais elle est d'une clarté, d'un esprit essentiellement français. Chacun de ses courts ouvrages : *Voyage autour de ma chambre* (1794), *Le Lépreux de la cité d'Aoste* (1811), *Les Prisonniers du Caucase* et *La Jeune Sibérienne* (1825), l'*Expédition nocturne autour de ma chambre*, sont des petits chefs-d'œuvre de style, de simplicité et de naturel.

Les circonstances dans lesquelles Xavier de Maistre se mit à écrire sont assez curieuses. Officier, en garnison dans la petite ville d'Alexandrie, en Italie, une malencontreuse affaire de duel le fit mettre aux arrêts pendant plusieurs jours. Le jeune officier accepta la punition avec philosophie. Ne pouvant quitter sa chambre, il se plut à passer en revue les objets qui l'entouraient, notant les réflexions que ceux-ci lui inspiraient, les souvenirs que chacun évoquait en son esprit. Il confia le cahier contenant cette série d'impressions à son frère, lequel avait acquis déjà à cette époque une enviable renommée grâce à la publication de ses Lettres d'un royaliste savoisien. Le comte Joseph de Maistre trouva l'essai de son cadet, original et d'une réelle valeur littéraire. A l'insu de son frère, il décida de le faire éditer. Ainsi, Xavier eut la surprise et la grande satisfaction de relire son ouvrage sous la forme d'un volume imprimé !

On ne pourrait donner sur l'œuvre de Xavier de Maistre, une appréciation plus concise et plus juste que celle de MM. Joseph Bédier et Paul Hazard dans leur « *Histoire de la littérature française* » : « Xavier eut en partage, écrivent ces auteurs, l'observation fine et délicate, l'humour, une sensibilité toujours distinguée : toutes qualités aimables, dont se pare ce charmant *Voyage autour de ma chambre* qui a fondé sa réputation. Il savait jouer nonchalamment avec les idées et les sentiments et inviter le lecteur à participer lui-même à ce jeu. Il n'était pas très profond, bien qu'il ne manquât pas d'humanité ; mais dans le domaine intermédiaire entre les émotions superficielles et les passions obscures de l'âme, il était roi. »

Ne terminons pas ce bref aperçu biographique, sans épingler ce mot charmant de Xavier de Maistre, qui eut toujours une profonde admiration pour son illustre aîné, l'auteur des « *Soirées de Saint-Pétersbourg* », « *du Pape* », et des « *Considérations sur la France* » : « Mon frère et moi, nous étions comme les deux aiguilles d'une montre : il était la grande, j'étais la petite ; mais nous marquions la même heure, quoique d'une manière différente ».

R. Oppitz

CHAPITRE PREMIER

Pour jeter quelque intérêt sur la nouvelle chambre dans laquelle j'ai fait une expédition nocturne, je dois apprendre aux curieux comment elle m'était tombée en partage. Continuellement distrait de mes occupations dans la maison bruyante que j'habitais, je me proposais depuis longtemps de me procurer dans le voisinage une retraite plus solitaire, lorsqu'un jour, en parcourant une notice biographique sur M. de Buffon, j'y lus que cet homme célèbre avait choisi dans ses jardins un pavillon isolé, qui ne contenait aucun autre meuble qu'un fauteuil et le bureau sur lequel il écrivait, ni aucun autre ouvrage que le manuscrit auquel il travaillait.

Les chimères dont je m'occupe offrent tant de disparate avec les travaux immortels de M. de Buffon, que la pensée de l'imiter, même en ce point, ne me serait sans doute jamais venue à l'esprit sans un accident qui m'y détermina. Un domestique, en ôtant la poussière des meubles, crut en voir beaucoup sur un tableau peint au pastel que je venais de terminer, et l'essuya si bien avec un linge, qu'il parvint en effet à le débarrasser de toute la poussière que j'y avais arrangée avec beaucoup de soin. Après m'être mis fort en colère contre cet homme, qui était absent, et ne lui avoir rien dit quand il revint, suivant mon habitude, je me mis aussitôt en campagne, et je rentrai chez moi avec la clef d'une petite chambre que j'avais louée au cinquième étage dans la rue *de la Providence*. J'y fis transporter dans la même journée les matériaux de mes occupations favorites, et j'y passai dans la suite la plus grande partie de mon temps, à l'abri du fracas domestique et des nettoyeurs de tableaux. Les heures s'écoulaient pour moi comme des minutes dans ce réduit isolé, et plus d'une fois mes rêveries m'y ont fait oublier l'heure du dîner.

O douce solitude ! j'ai connu les charmes dont tu enivres tes amants. Malheur à celui qui ne peut être seul un jour de sa vie sans éprouver le tourment de l'ennui, et qui préfère, s'il le faut, converser avec des sots plutôt qu'avec lui-même !

Je l'avouerai toutefois, j'aime la solitude dans les grandes villes ; mais, à moins d'y être forcé par quelque circonstance grave, comme un voyage autour de ma chambre, je ne veux être ermite que le matin : le soir, j'aime à revoir les faces humaines. Les inconvénients de la vie sociale et ceux de la solitude se détruisent ainsi mutuellement, et ces deux modes d'existence s'embellissent l'un par l'autre.

Cependant l'inconstance et la fatalité des choses de ce monde sont telles, que la vivacité même des plaisirs dont je jouissais dans ma nouvelle demeure aurait dû me faire prévoir combien ils seraient de courte durée. La Révolution française, qui débordait de toutes parts, venaient de surmonter les Alpes et se précipitait sur l'Italie. Je fus entraîné par la première vague jusqu'à Bologne. Je gardai mon ermitage, dans lequel je fis transporter tous mes meubles, jusqu'a des temps plus heureux. J'étais depuis quelques années sans patrie, j'appris un beau matin que j'étais sans emploi. Après une année passée tout entière à voir des hommes et des choses que je n'aimais guère, et à désirer des choses et dès hommes que je ne voyais plus, je revins à Turin. Il fallait prendre un parti. Je sortis de l'auberge *de la Bonne Femme*, où j'étais débarqué, dans l'intention de rendre la petite chambre au propriétaire et de me défaire de mes meubles.

En rentrant dans mon ermitage, j'éprouvai des sensations difficiles à décrire : tout y avait conservé l'ordre ; c'est-à-dire le désordre dans lequel je l'avais laissé : les meubles entassés contre les murs avaient été mis à l'abri de la poussière par la hauteur du gîte ; mes plumes étaient encore dans l'encrier desséché, et je trouvai sur la table une lettre commencée.

Je suis encore chez moi, me dis-je avec une véritable satisfaction. Chaque objet me rappelait quelque événement de ma vie, et ma chambre était tapissée de souvenirs. Au lieu de retourner à l'auberge, je pris la résolution de passer la nuit au milieu de mes propriétés. J'envoyai prendre ma valise, et je fis en même temps le projet de partir le lendemain, sans prendre congé ni conseil de personne, m'abandonnant sans réserve à la Providence.

CHAPITRE II

Tandis que je faisais ces réflexions, et tout en me glorifiant d'un plan de voyage bien combiné, le temps s'écoulait, et mon domestique ne revenait point. C'était un homme que la nécessité m'avait fait prendre à mon service depuis quelques semaines et sur la fidélité duquel j'avais conçu des soupçons. L'idée qu'il pouvait m'avoir emporté ma valise s'était à peine présentée à moi que je courus à l'auberge : il était temps. Comme je tournais le coin de la rue où se trouve l'hôtel *de la Bonne Femme*, je le vis sortir précipitamment de la porte, précédé d'un portefaix chargé de ma valise. Il s'était chargé lui-même de ma cassette ; et, au lieu de tourner de mon côté, il s'acheminait à gauche dans une direction opposée à celle qu'il devait tenir. Son intention devenait manifeste. Je le joignis aisément, et, sans rien lui dire, je marchai quelque temps à côté de lui avant qu'il s'en aperçût. Si l'on voulait peindre l'expression de l'étonnement et de l'effroi portée au plus haut degré sur la figure humaine, il en aurait été le modèle parfait lorsqu'il me vit à ses côtés. J'eus tout le loisir d'en faire l'étude ; car il était si déconcerté de mon apparition inattendue et du sérieux avec lequel je le regardais qu'il continua de marcher quelque temps avec moi sans proférer une parole, comme si nous avions été à la promenade ensemble. Enfin, il balbutia le prétexte d'une affaire dans la rue *Grand-Doire* ; mais je le remis dans le bon chemin, et nous revînmes à la maison, où je le congédiai.

Ce fut alors seulement que je me proposai de faire un nouveau voyage dans ma chambre pendant la dernière nuit que je devais y passer, et je m'occupai à l'instant même des préparatifs.

CHAPITRE III

Depuis longtemps je désirais revoir le pays que j'avais parcouru jadis si délicieusement, et dont la description ne me paraissait pas complète. Quelques amis qui l'avaient goûtée me sollicitaient de la continuer, et je m'y serais décidé plus tôt sans doute, si je n'avais pas été séparé de mes compagnons de voyage. Je rentrais à regret dans la carrière. Hélas ! j'y rentrais seul. J'allais voyager sans mon cher Joannetti et sans l'aimable Rosine. Ma première chambre elle-même avait subi la plus désastreuse révolution ; que dis-je ? elle n'existait plus, son enceinte faisait alors partie d'une horrible masure noircie par les flammes, et toutes les inventions meurtrières de la guerre s'étaient réunies pour la détruire de fond en comble. Le mur auquel était suspendu le portrait de Mme de Hautcastel avait été percé par une bombe. Enfin, si heureusement je n'avais pas fait mon voyage avant cette catastrophe, les savants de nos jours n'auraient jamais eu connaissance de cette chambre remarquable. C'est ainsi que, sans les observations d'Hipparque, ils ignoreraient aujourd'hui qu'il existait jadis une étoile de plus dans les pléiades, qui est disparue depuis ce fameux astronome.

Déjà forcé par les circonstances, j'avais depuis quelque temps abandonné ma chambre et transporté mes pénates ailleurs. Le malheur n'est pas grand, dira-t-on. Mais comment remplacer Joannetti et Rosine ? Ah ! cela n'est pas possible. Joannetti m'était devenu si nécessaire que sa perte ne sera jamais réparée pour moi. Qui peut, au reste, se flatter de vivre toujours avec les personnes qu'il chérit ? Semblable à ces essaims de moucherons que l'on voit tourbillonner dans les airs pendant les belles soirées d'été, les hommes se rencontrent par hasard et pour bien peu de temps. Heureux encore si, dans leur mouvement rapide, aussi adroits que les moucherons, ils ne se rompent pas la tête les uns contre les autres !

Je me couchais un soir. Joannetti me servait avec son zèle ordinaire, et paraissait même plus attentif. Lorsqu'il emporta la lumière, je jetais les yeux sur lui, et je vis une altération marquée sur sa physionomie. Devais-je croire cependant que le pauvre Joannetti me servait pour la dernière fois ?

Je ne tiendrai point le lecteur dans une incertitude plus cruelle que la vérité. Je préfère lui dire sans ménagement que Joannetti se maria dans la nuit même et me quitta le lendemain.

Mais qu'on ne l'accuse pas d'ingratitude pour avoir quitté son maître si brusquement. Je savais son intention depuis longtemps, et j'avais eu tort de m'y opposer. Un officieux vint de grand matin chez moi pour me donner cette nouvelle, et j'eus le loisir, avant de revoir Joannetti, de me mettre en colère et de m'apaiser, ce qui lui épargna les reproches auxquels il s'attendait. Avant d'entrer dans ma chambre, il affecta de parler haut à quelqu'un depuis la galerie, pour me faire croire qu'il n'avait pas peur ; et, s'armant de toute l'effronterie qui pouvait entrer dans une bonne âme comme la sienne, il se présenta d'un air déterminé. Je lus à l'instant sur sa figure tout ce qui se passait dans son âme et je ne lui en sus pas mauvais gré. Les mauvais plaisants de nos jours ont tellement effrayé les bonnes gens sur ces dangers du mariage qu'un nouveau marié ressemble souvent à un homme qui vient de faire une chute épouvantable sans se faire aucun mal, et qui est à la fois troublé de frayeur et de satisfaction, ce qui lui donne un air ridicule. Il n'était donc pas étonnant que les actions de mon fidèle serviteur se ressentissent de la bizarrerie de sa situation.

« Te voilà donc marié, mon cher Joannetti ? » lui dis-je en riant.

Il ne s'était précautionné que contre ma colère, en sorte que tous ses préparatifs furent perdus. Il retomba tout à coup dans son assiette ordinaire, et même un peu plus bas, car il se mit à pleurer.

« Que voulez-vous, monsieur ! me dit-il d'une voix altérée, j'avais donné ma parole.

– Eh ! morbleu ! tu as bien fait, mon ami ; puisses-tu être content de ta femme, et surtout de toi-même ! puisses-tu avoir des enfants qui te ressemblent ! Il faudra donc nous séparer !

– Oui, monsieur : nous comptons aller nous établir à Asti.

– Et quand veux-tu me quitter ? »

Ici Joannetti baissa les yeux d'un air embarrassé, et répondit de deux tons plus bas :

« Ma femme a trouvé un voiturier de son pays qui retourne avec sa voiture vide, et qui part aujourd'hui. Ce serait une belle occasion ; mais... cependant... ce sera quand il plaira à Monsieur... quoiqu'une semblable occasion se retrouverait difficilement.

– Eh quoi ! si tôt ? » lui dis-je.

Un sentiment de regret et d'affection, mêlé d'une forte dose de dépit, me fit garder un instant le silence.

« Non, certainement, lui répondis-je assez durement, je ne vous retiendrai point : partez à l'heure même, si cela vous arrange. »

Joannetti pâlit.

« Oui, pars, mon ami, va trouver ta femme ; sois toujours aussi bon, aussi honnête que tu l'as été avec moi. »

Nous fîmes quelques arrangements ; je lui dis tristement adieu ; il sortit.

Cet homme me servait depuis quinze ans. Un instant nous a séparés. Je ne l'ai plus revu.

Je réfléchissais, en me promenant dans ma chambre, à cette brusque séparation. Rosine avait suivi Joannetti sans qu'il s'en aperçut. Un quart d'heure après, la porte s'ouvrit : Rosine entra. Je vis la main de Joannetti qui la poussa dans la chambre ; la porte se referma, et je sentis mon cœur se serrer... Il n'entre déjà plus chez moi ! – Quelques minutes ont suffi pour rendre étrangers l'un à l'autre deux vieux compagnons de quinze ans. O triste triste condition de l'humanité, de ne pouvoir jamais trouver un seul objet stable sur lequel placer la moindre de ses affections !

CHAPITRE IV

Rosine aussi vivait alors loin de moi. Vous apprendrez sans doute avec quelque intérêt, ma chère Marie, qu'à l'âge de quinze ans elle était encore le plus aimable des animaux, et que la même supériorité d'intelligence qui la distinguait jadis de toute son espèce lui servit également à supporter le poids de la vieillesse. J'aurais désiré ne m'en point séparer ; mais lorsqu'il s'agit du sort de ses amis, ne doit-on consulter que son plaisir ou son intérêt ? L'intérêt de Rosine était de quitter la vie ambulante qu'elle menait avec moi, et de goûter enfin dans ses vieux jours un repos que son maître n'espérait plus. Son grand âge m'obligeait à la faire porter. Je crus devoir lui accorder ses invalides. Une religieuse bienfaisante se chargea de la soigner le reste de ses jours ; et je sais que dans cette retraite elle a joui de tous les avantages que ses bonnes qualités, son âge et sa réputation lui avaient si justement mérités.

Et puisque telle est la nature des hommes que le bonheur semble n'être pas fait pour eux, puisque l'ami offense son ami sans le vouloir, et que les amants eux-mêmes ne peuvent vivre sans se quereller ; enfin, puisque, depuis Lycurgue jusqu'à nos jours, tous les législateurs ont échoué dans leurs efforts pour rendre les hommes heureux, j'aurai du moins la consolation d'avoir fait le bonheur d'un chien.

CHAPITRE V

Maintenant que j'ai fait connaître au lecteur les derniers traits de l'histoire de Joannetti et de Rosine, il ne me reste plus qu'à dire un mot de l'âme et de la bête pour être parfaitement en règle avec lui. Ces deux personnages, le dernier surtout, ne joueront plus un rôle aussi intéressant dans mon voyag. Un aimable voyageur qui a suivi la même carrière que moi prétend qu'ils doivent être fatigués. Hélas ! il n'a que trop raison. Ce n'est pas que mon âme ait rien perdu de son activité, autant du moins qu'elle peut s'en apercevoir ; mais ses relations avec l'autre ont changé. Celle-ci n'a plus la même vivacité dans ses réparties ; elle n'a plus.., comment expliquer cela ?... J'allais dire la même présence d'esprit, comme si une bête pouvait en avoir ! Quoi qu'il en soit, et sans entrer dans une explication embarrassante, je dirai seulement qu'entraîné par la confiance que me témoignait la jeune Alexandrine, je lui avais écrit une lettre assez tendre, lorsque j'en reçus une réponse polie, mais froide, qui finissait par ces propres termes :

« Soyez sûr, Monsieur, que je conserverai toujours pour vous les sentiments de l'estime la plus sincère. »

Juste Ciel ! m'écriai-je aussitôt, me voilà perdu. Depuis ce jour fatal, je résolus de ne plus mettre en avant mon système de l'âme et de la bête. En conséquence, sans faire de distinction entre ces deux êtres et sans les séparer, je les ferai passer l'un portant l'autre, comme certains marchands leurs marchandises, et je voyagerai en bloc pour éviter tout inconvénient.

CHAPITRE VI

Il serait inutile de parler des dimensions de ma nouvelle chambre. Elle ressemble si fort à la première, qu'on s'y méprendrait au premier coup d'œil, si, par une précaution de l'architecte, le plafond ne s'inclinait obliquement du côté de la rue, et ne laissait au toit la direction qu'exigent les lois de l'hydraulique pour l'écoulement de la pluie. Elle reçoit le jour par une seule ouverture de deux pieds et demi de large sur quatre pieds de haut, élevée de six sept pieds environ au-dessus du plancher, et à laquelle on arrive au moyen d'une petite échelle.

L'élévation de ma fenêtre au-dessus du plancher est une de ces circonstances heureuses qui peuvent être également dues au hasard ou au génie de l'architecte. Le jour presque perpendiculaire qu'elle répandait dans mon réduit lui donnait un aspect mystérieux. Le temple antique du Panthéon reçoit le jour à peu près de la même manière. En outre, aucun objet extérieur ne pouvait me distraire. Semblable à ces navigateurs qui, perdus sur le vaste océan, ne voient plus que le ciel et la mer, je ne voyais que le ciel et ma chambre, et les objets extérieurs les plus voisins sur lesquels pouvaient se porter mes regard étaient la lune ou l'étoile du matin : ce qui me mettait dans un rapport immédiat avec le ciel, et donnait mes pensées un vol élevé qu'elles n'auraient jamais eu si j'avais choisi mon logement au rez-de-chaussée.

La fenêtre dont j'ai parlé s'élevait au-dessus du toit et formait la plus jolie lucarne : sa hauteur sur l'horizon était si grande que, lorsque les premiers rayons du soleil venaient l'éclairer, il faisait encore sombre dans la rue. Aussi je jouissais d'une des plus belles vues qu'on puisse imaginer. Mais la plus belle vue nous fatigue bientôt lorsqu'on la voit trop souvent : l'œil s'y habitue, et l'on n'en fait plus de cas. La situation de ma fenêtre me préservait encore de cet inconvénient, parce que je ne voyais jamais le magnifique spectacle de la campagne de Turin sans monter quatre ou cinq échelons, ce qui me procurait des jouissances toujours vives, parce qu'elles étaient ménagées. Lorsque, fatigué, je voulais me donner une agréable récréation, je terminais ma journée en montant à ma fenêtre.

Au premier échelon, je ne voyais encore que le ciel ; bientôt le temple colossal de Supergue commençait à paraître. La colline de Turin sur laquelle je repose s'élevait peu à peu devant moi couverte de forêts et de riches vignobles, offrant avec orgueil au soleil couchant ses jardins et ses palais, tandis que des habitations simples et modestes semblaient se cacher à moitié dans ses vallons, pour servir de retraite au sage et favoriser ses méditations.

Charmante colline ! tu m'as vu souvent rechercher tes retraites solitaires et préférer tes sentiers écartés aux promenades brillantes de la capitale ; tu m'as vu souvent perdu dans tes labyrinthes de verdure, attentif au chant de l'alouette matinale, le cœur plein d'une vague inquiétude et du désir ardent de me fixer pour jamais dans tes vallons enchantés. – Je te salue, colline charmante ! tu es peinte dans mon cœur ! Puisse la rosée céleste rendre, s'il est possible, tes champs plus fertiles et tes bocages plus touffus ! puissent tes habitants jouir en paix de leur bonheur, et tes ombrages leur être favorables et salutaires ! puisse enfin ton heureuse terre être toujours le doux asile de la vraie philosophie, de la science modeste, de l'amitié sincère et hospitalière que j'y ai trouvées !

CHAPITRE VII

Je commençai mon voyage à huit heures du soir précises. Le temps était calme et promettait une belle nuit. J'avais pris mes précautions pour ne pas être dérangé par des visites, qui sont très rares à la hauteur où je logeais, dans les circonstances surtout où je me trouvais alors, et pour rester seul jusqu'à minuit. Quatre heures suffisaient amplement à l'exécution de mon entreprise, ne voulant faire pour cette fois qu'une simple excursion autour de ma chambre. Si le premier voyage a duré quarante-deux jours, c'est parce que je n'avais pas été le maître de le faire plus court. Je ne voulus pas non plus m'assujettir à voyager beaucoup en voiture, comme auparavant, persuadé qu'un voyageur pédestre voit beaucoup de choses qui échappent à celui qui court la poste. Je résolus donc d'aller alternativement, et suivant les circonstances, à pied ou à cheval ; nouvelle méthode que je n'ai pas encore fait connaître et dont on verra bientôt l'utilité. Enfin, je me proposai de prendre des notes en chemin, et d'écrire mes observations à mesure que je les faisais, pour ne rien oublier.

Afin de mettre de l'ordre dans mon entreprise, et de lui donner une nouvelle chance de succès, je pensai qu'il fallait commencer par composer une épître dédicatoire, et l'écrire en vers pour la rendre plus intéressante. Mais deux difficultés m'embarrassaient et faillirent m'y faire renoncer, mal gré tout l'avantage que j'en pourrais tirer. La première était de savoir à qui j'adresserais l'épître, la seconde comment je m'y prendrais pour faire des vers. Après y avoir mûrement réfléchi, je ne tardai pas à comprendre qu'il était raisonnable de faire premièrement mon épître de mon mieux, et de chercher ensuite quelqu'un à qui elle pût convenir. Je me mis à l'instant à l'ouvrage, et je travaillai pendant plus d'une heure sans pouvoir trouver une rime au premier vers que j'avais fait, et que je voulais conserver parce qu'il me paraissait très heureux. Je me souvins alors fort à propos d'avoir lu quelque part que le célèbre Pope ne composait jamais rien d'intéressant sans être obligé de déclamer longtemps à haute voix et de s'agiter en tout sens dans son cabinet pour exciter sa verve. J'essayai à l'instant de l'imiter. Je pris les poésies d'Ossian et je les récitai tout haut, en me promenant à grands pas pour me monter à l'enthousiasme.

Je vis en effet que cette méthode exaltait insensiblement mon imagination, et me donnait un sentiment secret de capacité poétique dont j'aurais certainement profité pour composer avec succès mon épître dédicatoire en vers, si malheureusement je n'avais oublié l'obliquité du plafond de ma chambre, dont l'abaissement rapide empêcha mon front d'aller aussi avant que mes pieds dans la direction que j'avais prise. Je frappai si rudement de la tête contre cette maudite cloison, que le toit de la maison en fut ébranlé : les moineaux qui dormaient sur les tuiles s'envolèrent épouvantés, et le contre-coup me fit reculer de trois pas en arrière.

CHAPITRE VIII

Tandis que je me promenais ainsi pour exciter ma verve, une jeune et jolie femme qui logeait au-dessous de moi, étonnée du tapage que je faisais, et croyant peut-être que je donnais un bal dans ma chambre, députa son mari pour s'informer de la cause du bruit. J'étais encore tout étourdi de la contusion que j'avais reçue, lorsque la porte s'entr'ouvrit. Un homme âgé, portant un visage mélancolique, avança la tête, et promena ses regards curieux dans la chambre. Quand la surprise de me trouver seul lui permit de parler :

« Ma femme a la migraine, monsieur, me dit-il d'un air fâché. Permettez-moi de vous faire observer que... »

Je l'interrompis aussitôt, et mon style se ressentit de la hauteur de mes pensées.

« Respectable messager de ma belle voisine, lui dis-je dans le langage des bardes, pourquoi tes yeux brillent-ils sous tes épais sourcils, comme deux météores dans la forêt noire de Cromba ? Ta belle compagne est un rayon de lumière, et je mourrais mille fois plutôt que de vouloir troubler son repos ; mais ton aspect, ô respectable messager ! ... ton aspect est sombre comme la voûte la plus reculée de la caverne de Camora, lorsque les nuages amoncelés de la tempête obscurcissent la face de la nuit et pèsent sur les campagnes silencieuses de Morven. »

Le voisin qui n'avait apparemment jamais lu les poésies d'Ossian, prit, mal à propos, l'accès d'enthousiasme qui m'animait pour un accès de folie, et parut fort embarrassé. Mon Intention n'étant point de l'offenser, je lui offris un siège, et je le priai de s'asseoir ; mais je m'aperçus qu'il se retirait doucement, et se signait en disant à demi-voix : E matto, per Bacco, è matto !

CHAPITRE IX

Je le laissai sortir sans vouloir approfondir jusqu'à quel point son observation était fondée, et je m'assis à mon bureau pour prendre note de ces événements, comme je fais toujours ; mais à peine eus-je ouvert un tiroir dans lequel j'espérais trouver du papier, que je le refermai brusquement, troublé par un des sentiments les plus désagréables que l'on puisse éprouver, celui de l'amour-propre humilié. L'espèce de surprise dont je fus saisi dans cette occasion ressemble à celle qu'éprouve un voyageur altéré lorsque, approchant ses lèvres d'une fontaine limpide, il aperçoit au fond de l'eau une grenouille qui le regarde. Ce n'était cependant autre chose que les ressorts et la carcasse d'une colombe artificielle qu'à l'exemple d'Archytas je m'étais proposé jadis de faire voler dans les airs. J'avais travaillé sans relâche a sa construction pendant plus de trois mois. Le jour de l'essai venu, je la plaçai sur le bord d'une table, après avoir soigneusement fermé la porte, afin de tenir la découverte secrète et de causer une aimable surprise à mes amis. Un fil tenait le mécanisme immobile. Qui pourrait imaginer les palpitations de mon cœur et les angoisses de mon amour-propre lorsque j'approchai les ciseaux pour couper le lien fatal ? ... Zest ! ... le ressort de la colombe part et se développe avec bruit. Je lève les yeux pour la voir passer ; mais, après avoir fait quelques tours sur elle-même, elle tombe et va se cacher sous la table. Rosine, qui dormait là, s'éloigna tristement. Rosine, qui ne vit jamais ni poulet, ni pigeon, ni le plus petit oiseau sans les attaquer et les poursuivre, ne daigna pas même regarder ma colombe qui se débattait sur le plancher... Ce fut le coup de grâce pour mon amour-propre. J'allai prendre l'air sur les remparts.

CHAPITRE X

Tel fut le sort de ma colombe artificielle. Tandis que le génie de la mécanique la destinait à suivre l'aigle dans les cieux, le destin lui donna les inclinaisons d'une taupe.

Je me promenais tristement et découragé, comme on l'est toujours après une grande espérance déçue, lorsque, levant les yeux, j'aperçus un vol de grues qui passait sur ma tête. Je m'arrêtai pour les examiner. Elles s'avançaient en ordre triangulaire, comme la colonne anglaise à la bataille de Fontenoy. Je les voyais traverser le ciel de nuage en nuage.

« Ah ! quelles volent bien, disais-je tout bas ; avec quelle assurance elles semblent glisser sur l'invisible sentier qu'elles parcourent ! »

L'avouerai-je ? hélas ! qu'on me le pardonne ! l'horrible sentiment de l'envie est une fois, une seule fois entré dans mon cœur, et c'était pour des grues. Je les poursuivais de mes regards jaloux jusqu'aux bornes de l'horizon. Longtemps immobile au milieu de la foule qui se promenait, j'observais le mouvement rapide des hirondelles, et je m'étonnais de les voir suspendues dans les airs, comme si je n'avais jamais vu ce phénomène. Le sentiment d'une admiration profonde, inconnue pour moi jusqu'alors, éclairait mon âme. Je croyais voir la nature pour la première fois. J'entendais avec surprise le bourdonnement des mouches, le chant des oiseaux, et ce bruit mystérieux et confus de la création vivante qui célèbre involontairement son auteur. Concert ineffable, auquel l'homme seul a le privilège sublime de pouvoir joindre des accents de reconnaissance !

« Quel est l'auteur de ce brillant mécanisme ? m'écriais-je dans le transport qui m'animait. Quel est celui qui, ouvrant sa main créatrice, laissa échapper la première hirondelle dans les airs ? – celui qui donna l'ordre à ces arbres de sortir de la terre et d'élever leurs rameaux vers le ciel ? — Et toi, qui t'avances majestueusement sous leur ombre, créature ravissante, dont les traits commandent le respect et l'amour, qui t'a placée sur la surface de la terre pour l'embellir ? Quelle est la pensée qui dessina tes formes divines, qui fut assez puissante pour créer le regard et le sourire de l'innocente beauté ! ... Et moi-même, qui sens palpiter mon cœur... quel est le but de mon existence ? — Que suis-je, et d'où viens-je, moi l'auteur de la colombe artificielle centripète ?... »

A peine eus-je prononcé ce mot barbare que, revenant tout coup à moi comme un homme endormi sur lequel on jetterait un seau d'eau, je m'aperçus que plusieurs personnes m'avaient entouré pour m'examiner, tandis que mon enthousiasme me faisait parler seul. Je vis alors la belle Georgine qui me devançait de quelques pas. La moitié de sa joue gauche, chargée de rouge, que j'entrevoyais à travers les boucles de sa perruque blonde, acheva de me remettre au courant des affaires de ce monde, dont je venais de faire une petite absence.

CHAPITRE XI

Dès que je fus un peu remis du trouble que m'avait causé l'aspect de ma colombe artificielle, la douleur de la contusion que j'avais reçue se fit sentir vivement. Je passai la main sur mon front, et j'y reconnus une nouvelle protubérance précisément à cette partie de la tête où le docteur Gall a placé la protubérance poétique. Mais je n'y songeais point alors, et l'expérience devait seule me démontrer la vérité du système de cet homme célèbre.

Après m'être recueilli quelques instants pour faire un dernier effort en faveur de mon épître dédicatoire, je pris un crayon et me mis à l'ouvrage. Quel fut mon étonnement ! ... les vers coulaient d'eux-mêmes sous ma plume : j'en remplis deux pages en moins d'une heure, et je conclus de cette circonstance que, si le mouvement était nécessaire à la tête de Pope pour composer des vers, il ne fallait pas moins qu'une contusion pour en tirer de la mienne. Je ne donnerai cependant pas au lecteur ceux que je fis alors, parce que la rapidité prodigieuse avec laquelle se succédaient les aventures de mon voyage m'empêcha d'y mettre la dernière main. Malgré cette réticence, il n'est pas douteux qu'on doit regarder l'accident qui m'était arrivé comme une découverte précieuse, et dont les poètes ne sauraient trop user.

Je suis en effet si convaincu de l'infaillibilité de cette nouvelle méthode que, dans le poème en vingt-quatre chants que j'ai composé depuis lors, et qui sera publié avec la *Prisonnière de Pignerol*, je n'ai pas cru nécessaire jusqu'à présent de commencer les vers ; mais j'ai mis au net cinq cents pages de notes, qui forment, comme on le sait, tout le mérite et le volume de la plupart des poèmes modernes.

Comme je rêvais profondément à mes découvertes, en marchant dans ma chambre, je rencontrai mon lit, sur lequel je tombai assis, et ma main se trouvant par hasard placée sur mon bonnet, je pris le parti de m'en couvrir la tête et de me coucher.

CHAPITRE XII

J'étais au lit depuis un quart d'heure, et, contre mon ordinaire, je ne dormais point encore. A l'idée de mon épître dédicatoire avaient succédé les réflexions les plus tristes ; ma lumière, qui tirait vers sa fin, ne jetait plus qu'une lueur inconstante et lugubre du fond de la bobèche, et ma chambre avait l'air d'un tombeau. Un coup de vent ouvrit tout à coup la fenêtre, éteignit ma bougie, et ferma la porte avec violence. La teinte noire de mes pensées s'accrut avec l'obscurité.

Tous mes plaisirs passés, toutes mes peines présentes, vinrent fondre à la fois dans mon cœur, et le remplirent de regrets et d'amertume.

Quoique je fasse des efforts continuels pour oublier mes chagrins et les chasser de ma pensée, il m'arrive quelquefois, lorsque je n'y prends pas garde, qu'ils rentrent tous à la fois dans ma chambre, comme si on leur ouvrait une écluse. Il ne me reste plus d'autre parti à prendre dans ces occasions que de m'abandonner au torrent qui m'entraîne, et mes idées deviennent alors si noires, tous les objets me paraissent si lugubres, que je finis ordinairement par rire de ma folie : en sorte que le remède se trouve dans la violence même du mal.

J'étais encore dans toute la force d'une de ces crises mélancoliques, lorsqu'une partie de la bouffée de vent qui avait ouvert ma fenêtre et fermé ma porte en passant, après avoir fait quelques tours dans ma chambre, feuilleté mes livres et jeté une feuille volante de mon voyage par terre, entra finalement dans mes rideaux et vint mourir sur ma joue. Je sentis la douce fraîcheur de la nuit, et, regardant cela comme une invitation de sa part, je me levai tout de suite, et j'allai sur mon échelle jouir du calme de la nature.

CHAPITRE XIII

Le temps était serein : la voie lactée, comme un léger nuage, partageait le ciel ; un doux rayon partait de chaque étoile pour venir jusqu'à moi, et, lorsque j'en examinais une attentivement, ses compagnes semblaient scintiller plus vivement pour attirer mes regards.

C'est un charme toujours nouveau pour moi que celui de contempler le ciel étoilé, et je n'ai pas à me reprocher d'avoir fait un seul voyage, ni même une simple promenade nocturne, sans payer le tribut d'admiration que je dois aux merveilles du firmament. Quoique je sente toute l'impuissance de ma pensée dans ces hautes méditations, je trouve un plaisir inexprimable à m'en occuper. J'aime à penser que ce n'est point le hasard qui conduit jusqu'à mes yeux cette émanation des mondes éloignés, et chaque étoile verse avec sa lumière un rayon d'espérance dans mon cœur ! Et quoi ! ces merveilles n'auraient-elles d'autre rapport avec moi que celui de briller à mes yeux ? Et ma pensée qui s'élève jusqu'à elles, mon cœur qui s'émeut à leur aspect, leur seraient-ils étrangers ?... Spectateur éphémère d'un spectacle éternel, l'homme lève un instant les yeux vers le ciel, et les referme pour toujours ; mais, pendant cet instant rapide qui lui est accordé, de tous les points du ciel et depuis les bornes de l'univers, un rayon consolateur part de chaque monde et vient frapper ses regards, pour lui annoncer qu'il existe un rapport entre l'immensité et lui, et qu'il est associé à l'éternité.

CHAPITRE XIV

Un sentiment fâcheux troublait cependant le plaisir que j'éprouvais en me livrant à ces méditations. Combien peu de personnes, me disais-je, jouissent maintenant avec moi du spectacle sublime que le ciel étale inutilement pour les hommes assoupis ! ... Passe encore pour ceux qui dorment ; mais qu'en coûterait-il à ceux qui se promènent, a ceux qui sortent en foule du théâtre de regarder un instant et d'admirer les brillantes constellations qui rayonnent de toutes parts sur leur tête ? – Non, les spectateurs attentifs de Scapin ou de Jocrisse ne daigneront pas lever les yeux : Ils vont rentrer brutalement chez eux, ou ailleurs, sans songer que le ciel existe. Quelle bizarrerie ! ... parce qu'on peut le voir souvent et gratis, ils n'en veulent pas. Si le firmament était toujours voilé pour nous, si le spectacle qu'il nous offre dépendait d'un entrepreneur, les premières loges sur les toits seraient hors de prix, et les dames de Turin s'arracheraient ma lucarne.

« Oh ! si j'étais souverain d'un pays, m'écriai-je saisi d'une juste indignation, je ferais chaque nuit sonner le tocsin, et j'obligerais mes sujets de tout âge de tout sexe et de toute condition, de se mettre à la fenêtre et de regarder les étoiles. »

Ici la raison, qui, dans mon royaume, n'a qu'un droit contesté de remontrance, fut cependant plus heureuse qu'à l'ordinaire dans les représentations qu'elle me proposa au sujet de l'édit inconsidéré que je voulais proclamer dans mes Etats.

« Sire, me dit-elle, Votre Majesté ne daignerait-elle pas faire une exception en faveur des nuits pluvieuses, puisque, dans ce cas, le ciel étant couvert... – Fort bien, fort bien, répondis-je, je n'y avais pas songé : vous noterez une exception en faveur des nuits pluvieuses. – Sire, ajouta-t-elle, je pense qu'il serait à propos d'excepter aussi les nuits sereines, lorsque le froid est excessif et que la bise souffle, puisque l'exécution rigoureuse de l'édit accablerait vos heureux sujets de rhumes et de catarrhes. »

Je commençais à voir beaucoup de difficultés dans l'exécution de mon projet ; mais il m'en coûtait de revenir sur mes pas.

« Il faudra, dis-je, écrire au Conseil de médecine et à l'Académie des sciences pour fixer le degré du thermomètre centigrade auquel mes sujets pourront se dispenser de se mettre à la fenêtre ; mais je veux, j'exige absolument que l'ordre soit exécuté à la rigueur.

— Et les malades, Sire ?

— Cela va sans dire ; qu'ils soient exceptés ; l'humanité doit aller avant tout.

— Si je ne craignais de fatiguer Votre Majesté, je lui ferais encore observer que l'on pourrait (dans le cas où elle le jugerait à propos et que la chose ne présentât pas de grands inconvénients) ajouter aussi une exception en faveur des aveugles, puisque, étant privés de l'organe de la vue...

— Eh bien, est-ce tout ? interrompis-je avec humeur.

— Pardon, Sire ; mais les amoureux ? Le cœur débonnaire de Votre Majesté pourrait-il les contraindre à regarder aussi les étoiles ?

— C'est bon, c'est bon, dit le roi ; remettons cela : nous y penserons à tête reposée. Vous me donnerez un mémoire détaillé là-dessus. »

Bon dieu ! ... bon Dieu ! ... combien il faut y réfléchir avant de donner un édit de haute police !

CHAPITRE XV

Les étoiles les plus brillantes n'ont jamais été celles que je contemple avec plus de plaisir ; mais les plus petites, celles qui, perdues dans un éloignement incommensurable, ne paraisse que comme des points imperceptibles, ont toujours été mes étoiles favorites. La raison en est toute simple : on concevra facilement qu'en faisant faire à mon imagination autant de chemin de l'autre côté de leur sphère que mes regards en font de celui-ci pour parvenir jusqu'à elles, je me trouve porté sans effort à une distance où peu de voyageurs sont parvenus avant moi, et je m'étonne, en me trouvant là, de n'être encore qu'au commencement de ce vaste univers ; car il serait, je crois, ridicule de penser qu'il existe une barrière au delà de laquelle le néant commence, comme si le néant était plus facile à comprendre que l'existence ! Après la dernière étoile, j'en imagine encore une autre, qui ne saurait non plus être la dernière. En assignant des limites à la création, tant soient-elles éloignées, l'univers ne me paraît plus qu'un point lumineux, comparé à l'immensité de l'espace vide qui l'environne, à cet affreux et sombre néant, au milieu duquel il serait suspendu comme une lampe solitaire. – Ici je me couvris les yeux avec les deux mains, pour m'éloigner toute espèce de distraction, et donner à mes idées la profondeur qu'un semblable sujet exige ; et, faisant un effort de tête surnaturel, je composai un système de monde, le plus complet qui ait encore paru. Le voici dans tous ses détails ! Il est le résultat des méditations de toute ma vie. « Je crois que l'espace étant... » Mais ceci mérite un chapitre à part ; et, vu l'importance de la matière, il sera le seul de mon voyage qui portera un titre.

CHAPITRE XVI

Système du Monde.

Je crois donc que l'espace étant infini, la création l'est aussi, et que Dieu a créé dans son éternité une infinité, dans l'immensité de l'espace, de mondes

CHAPITRE XVII

J'avouerai cependant de bonne foi que je ne comprends guère mieux mon système que tous les autres systèmes éclos jusqu'à ce jour de l'imagination des philosophes anciens et modernes ; mais le mien a l'avantage précieux d'être contenu dans quatre lignes ; tout énorme qu'il est.

Le lecteur indulgent voudra bien observer aussi qu'il a été composé tout entier au sommet d'une échelle. Je l'aurais cependant embelli de commentaires et de notes, si dans le moment où j'étais le plus fortement occupé de mon sujet, je n'avais été distrait par des chants enchanteurs qui vinrent frapper agréablement mon oreille. Une voix telle que je n'en ai jamais entendu de plus mélodieuse, sans en excepter même celle de Zénéide, une de ces voix qui sont toujours à l'unisson des fibres de mon cœur, chantait tout près de moi une romance dont je ne perdis pas un mot, et qui ne sortira jamais de ma mémoire. En écoutant avec attention, je découvris que la voix partait d'une fenêtre plus basse que la mienne : malheureusement je ne pouvais la voir, l'extrémité du toit, au-dessus duquel s'élevait ma lucarne, la cachant à mes yeux. Cependant le désir d'apercevoir la sirène qui me charmait par ses accords augmentait à proportion du charme de la romance, dont les paroles touchantes auraient arraché des larmes à l'être le plus insensible. Bientôt ne pouvant plus résister à ma curiosité, je montai jusqu'au dernier échelon, je mis un pied sur le bord du toit, et, me tenant d'une main au montant de la fenêtre, je me suspendis ainsi sur la rue, au risque de me précipiter.

Je vis alors sur un balcon à ma gauche, un peu au-dessous de moi, une jeune femme en déshabillé blanc : sa main soutenait sa tête charmante, assez penchée pour laisser entrevoir, à la lueur des astres, le profil le plus intéressant, et son attitude semblait imaginée pour présenter dans tout son jour, à un voyageur aérien comme moi, une taille svelte et bien prise ; un de ses pieds nus, jeté négligemment en arrière, était tourné, de façon qu'il m'était possible, malgré l'obscurité, d'en présumer les heureuses dimensions, tandis qu'une jolie petite mule, dont il était séparé, les déterminait encore mieux à mon œil curieux. Je vous laisse à penser, ma chère Sophie, quelle était la violence de ma situation. Je n'osais faire la moindre exclamation, de peur d'effaroucher ma belle voisine, ni le moindre mouvement, de peur de tomber dans la rue. Un soupir m'échappa cependant malgré moi ; mais je fus à temps d'en retenir la moitié ; le reste fut emporté par un zéphir qui passait, et j'eus tout le loisir d'examiner la rêveuse, soutenu dans cette position périlleuse par l'espoir d'entendre chanter encore. Mais, hélas ! sa romance était finie, et mon mauvais destin lui fit garder le silence le plus opiniâtre. Enfin, après avoir attendu bien longtemps, je crus pouvoir me hasarder à lui adresser la parole ; il ne s'agissait plus que de trouver un compliment digne d'elle et des sentiments qu'elle m'avait inspirés. Oh ! combien je regrettai de n'avoir pas terminé mon épître dédicatoire en vers ! comme je l'aurais placée à propos dans cette occasion ! Ma présence d'esprit ne m'abandonna cependant pas au besoin. Inspiré par la douce influence des astres et par le désir plus puissant encore de réussir auprès d'une belle, après avoir toussé légèrement pour la prévenir et pour rendre le son de ma voix plus doux :

« Il fait bien beau temps cette nuit », lui dis-je du ton le plus affectueux qu'il me fut possible.

CHAPITRE XVIII

Je crois entendre d'ici Mme de Hautcastel, qui ne me passe rien, me demander compte de la romance dont j'ai parlé dans le chapitre précédent. Pour la première fois de ma vie, je me trouve dans la dure nécessité de lui refuser quelque chose. Si j'insérais ces vers dans mon voyage, on ne manquerait pas de m'en croire l'auteur, ce qui m'attirerait, sur la nécessité des confusions, plus d'une mauvaise plaisanterie que je veux éviter. Je continuerai donc la relation de mon aventure avec mon aimable voisine, aventure dont la catastrophe inattendue, ainsi que la délicatesse avec laquelle je l'ai conduite, sont faites pour intéresser toutes les classes de lecteurs. Mais avant de savoir ce qu'elle me répondit, et comment fut reçu le compliment ingénieux que je lui avais adressé, je dois répondre d'avance à certaines personnes qui se croient plus éloquentes que moi, et qui me condamneront sans pitié pour avoir commencé la conversation d'une manière si triviale à leurs sens. Je leur prouverai que si j'avais fait de l'esprit dans cette occasion importante, j'aurais manqué ouvertement aux règles de la prudence et du bon goût. Tout homme qui entre en conversation avec une belle en disant un bon mot ou en faisant un compliment, quelque flatteur qu'il puisse être, laisse entrevoir des prétentions qui ne doivent paraître que lorsqu'elles commencent à être fondées. En outre, s'il fait de l'esprit, il est évident qu'il cherche à briller, et par conséquent qu'il pense moins à sa dame qu'à lui-même. Or, les dames veulent qu'on s'occupe d'elles ; et, quoiqu'elles ne fassent pas toujours exactement les mêmes réflexions que je viens d'écrire, elles possèdent un sens exquis et naturel qui leur apprend qu'une phrase triviale, dite par le seul motif de lier la conversation et de s'approcher d'elles, vaut mille fois mieux qu'un trait d'es-prit inspiré par la vanité, et mieux encore (ce qui paraîtra bien étonnant) qu'une épître dédicatoire en vers. Bien plus, je soutiens (dût mon sentiment être regardé comme un paradoxe) que cet esprit léger et brillant de la conversation n'est pas même nécessaire dans la plus longue liaison, si c'est vraiment le cœur qui l'a formée ; et, malgré tout ce que les personnes qui n'ont aimé qu'à demi disent des longs intervalles que laissent entre eux les sentiments vifs de l'amour et de l'amitié, la journée est toujours courte lorsqu'on la passe auprès de son amie, et le silence est aussi intéressant que la discussion.

*****

Quoi qu'il en soit de ma dissertation, il est très sûr que je ne vis rien de mieux à dire, sur le bord du toit où je me trouvais, que les paroles en question. Je ne les eus pas plutôt prononcées que mon âme se transporta tout entière au tympan de mes oreilles, pour saisir jusqu'à la moindre nuance des sons que j'espérais entendre. La belle releva sa tête pour me regarder ; ses longs cheveux se déployèrent comme un voile, et servirent de fond à son visage charmant qui réfléchissait la lumière mystérieuse des étoiles. Déjà sa bouche était entr'ouverte, ses douces paroles s'avançaient sur ses lèvres... Mais, ô ciel ! quelle fut ma surprise et ma terreur ! ... Un bruit sinistre se fit entendre :

« Que faites-vous là madame, à cette heure ? Rentrez ! » dit une voix mâle et sonore, dans l'intérieur de l'appartement.

Je fus pétrifié.

CHAPITRE XIX

Tel doit être le bruit qui vient effrayer les coupables lorsqu'on ouvre tout à coup devant eux les portes brûlantes du Tartare ; ou tel encore doit être celui que font, sous les voûtes infernales, les sept cataractes du Styx, dont les poètes ont oublié de parler.

CHAPITRE XX

Un feu follet traversa le ciel en ce moment, et disparut presque aussitôt. Mes yeux, que la clarté du météore avait détournés un instant, se reportèrent sur le balcon, et n'y virent plus que la petite pantoufle. Ma voisine, dans sa retraite précipitée, avait oublié de la reprendre. Je contemplai longtemps ce joli moule d'un pied digne du ciseau de Praxitèle avec une émotion dont je n'oserais avouer toute la force, mais, ce qui pourra paraître bien singulier, et ce dont je ne saurais me rendre raison à moi-même, c'est qu'un charme insurmontable m'empêchait d'en détourner mes regards, malgré tous les efforts que je faisais pour les porter sur d'autres objets.

On raconte que, lorsqu'un serpent regarde un rossignol, le malheureux oiseau, victime d'un charme irrésistible, est forcé de s'approcher du reptile vorace. Ses ailes rapides ne lui servent plus qu'à le conduire à sa perte, et chaque effort qu'il fait pour s'éloigner le rapproche de l'ennemi qui le poursuit de son regard inévitable.

Tel était sur moi l'effet de cette pantoufle, sans que cependant je puisse dire avec certitude qui, de la pantoufle ou de moi, était le serpent, puisque, selon les lois de la physique, l'attraction devait être réciproque. Il est certain que cette influence funeste n'était point un jeu de mon imagination. J'étais si réellement et si fortement attiré, que je fus deux fois au moment de lâcher la main et de me laisser tomber. Cependant, comme le balcon sur lequel je voulais aller n'était pas exactement sous ma fenêtre, mais un peu de côté, je vis fort bien que, la force de gravitation inventée par Newton venant à se combiner avec l'attraction oblique de la pantoufle, j'aurais suivi dans ma chute une diagonale, et je serais tombé sur une guérite qui ne me paraissait pas plus grosse qu'un œuf, de la hauteur où je me trouvais, en sorte que mon but aurait été manqué... Je me cramponnai donc plus fortement encore à la fenêtre, et faisant un effort de résolution, je parvins à lever les yeux et à regarder le ciel.

CHAPITRE XXI

Je serais fort en peine d'expliquer et de définir exactement l'espèce de plaisir que j'éprouvais dans cette circonstance. Tout ce que je puis affirmer, c'est qu'il n'avait rien de commun avec celui que m'avait fait ressentir, quelques moments plus tôt, l'aspect de la voie lactée et du ciel étoilé. Cependant, comme dans les situations embarrassantes de ma vie j'ai toujours aimé à me rendre raison de ce qui se passe dans mon âme, je voulus en cette occasion me faire une idée bien nette du plaisir que peut ressentir un honnête homme lorsqu'il contemple la pantoufle d'une dame, comparé au plaisir que lui fait éprouver la contemplation des étoiles. Pour cet effet, je choisis dans le ciel la constellation la plus apparente. C'était, si je ne me trompe, la chaise de Cassiopée qui se trouvait au-dessus de ma tête, et je regardai tour à tour la constellation et la pantoufle, la pantoufle et la constellation. Je vis alors que ces deux sensations étaient de nature toute différente : l'une était dans ma tête, tandis que l'autre semblait avoir son siège dans la région du cœur. Mais ce que je n'avouerai pas sans un peu de honte, c'est que l'attrait qui me portait vers la pantoufle enchantée absorbait toutes mes facultés. L'enthousiasme que m'avait causé, quelque temps auparavant, l'aspect du ciel étoilé n'existait plus que faiblement, et bientôt il s'anéantit tout à fait lorsque j'entendis la porte du balcon se rouvrir, et que j'aperçus un petit pied, plus blanc que l'albâtre, s'avancer doucement et s'emparer de la petite mule. Je voulus parler, mais n'ayant pas eu le temps de me préparer comme la première fois, je ne trouvai plus ma présence d'esprit ordinaire, et j'entendis la porte du balcon se refermer avant d'avoir imaginé quelque chose de convenable à dire.

CHAPITRE XXII

Les chapitres précédents suffiront, j'espère, pour répondre victorieusement à une inculpation de Mme de Hautcastel, qui n'a pas craint de dénigrer mon premier voyage, sous le prétexte qu'on n'a pas l'occasion d'y faire l'amour. Elle ne pourrait faire ce nouveau voyage le même reproche ; et, quoique mon aventure avec mon aimable voisine n'ait pas été poussée bien loin, je puis assurer que jy trouvai plus de satisfaction que dans plus d'une autre circonstance où je m'étais imaginé être très heureux, faute d'objet de comparaison. Chacun jouit de la vie à sa manière ; mais je croirais manquer à ce que je dois à la bienveillance du lecteur, si je lui laissais ignorer une découverte qui, plus que tout autre chose, a contribué jusqu'ici à mon bonheur (à condition toutefois que cela restera entre nous) : car il ne s'agit de rien moins que d'une nouvelle méthode de faire l'amour, beaucoup plus avantageuse que la précédente, sans avoir aucun de ses nombreux inconvénients. Cette invention étant spécialement destinée aux personnes qui voudront adopter ma nouvelle manière de voyager, je crois devoir consacrer quelques chapitres à leur instruction.

CHAPITRE XXIII

J'avais observé, dans le cours de ma vie, que, lorsque j'étais amoureux suivant la méthode ordinaire, mes sensations ne répondaient jamais à mes espérances, et que mon imagination se voyait déjouée dans tous ses plans. En y réfléchissant avec attention, je pensai que, s'il m'était possible d'étendre le sentiment qui me porte à l'amour individuel sur tout le sexe qui en est l'objet, je me procurerais des jouissances nouvelles sans me compromettre en aucune façon. Quel reproche, en effet, pourrait-on faire à un homme qui se trouverait pourvu d'un cœur assez énergique pour aimer toutes les femmes aimables de l'univers ? Oui, madame, je les aime toutes, et non seulement celles que je connais ou que j'espère rencontrer, mais toutes celles qui existent sur la surface de la terre. Bien plus, j'aime toutes les femmes qui ont existé, et celles qui existeront, sans compter un bien plus grand nombre encore que mon imagination tire du néant : toutes les femmes possibles enfin sont comprises dans le vaste cercle de mes affections.

Par quel injuste et bizarre caprice renfermerais-je un cœur comme le mien dans les bornes étroites d'une société ? Que dis-je ! pourquoi circonscrire son essor aux limites d'un royaume ou même d'une république ?

Assise au pied d'un chêne battu par la tempête, une jeune veuve indienne mêle ses soupirs au bruit des vents déchaînés. Les armes du guerrier qu'elle aimait sont suspendues sur sa tête, et le bruit lugubre qu'elles font entendre en se heurtant ramène dans son cœur le souvenir de son bonheur passé. Cependant la foudre sillonne les nuages, et la lumière livide des éclairs se réfléchit dans ses yeux immobiles. Tandis que le bûcher qui doit la consumer s'élève, seule, sans consolation, dans la stupeur du désespoir, elle attend une mort affreuse qu'un préjugé cruel lui fait préférer à la vie.

Quelle douce et mélancolique jouissance n'éprouve point un homme sensible en approchant de cette infortunée pour la consoler ! Tandis qu'assis sur l'herbe à côté d'elle je cherche à la dissuader de l'horrible sacrifice, et que, mêlant mes soupirs aux siens et mes larmes à ses larmes, je tâche de la distraire de ses douleurs, toute la ville accourt chez Mme d'A***, dont le mari vient de mourir d'un coup d'apoplexie. Résolue aussi de ne point survivre à son malheur, insensible aux larmes et aux prières de ses amis, elle se laisse mourir de faim ; et, depuis ce matin, où imprudemment on est venu lui annoncer cette nouvelle, la malheureuse n'a mangé qu'un biscuit, et n'a bu qu'un petit verre de vin de Malaga. Je ne donne à cette femme désolée que la simple attention nécessaire pour ne pas enfreindre les lois de mon système universel, et je m'éloigne bientôt de chez elle, parce que je suis naturellement jaloux, et ne veux pas me compromettre avec une foule de consolateurs, non plus qu'avec les personnes trop aisées à consoler.

Les beautés malheureuses ont particulièrement des droits sur mon cœur, et le tribut de sensibilité que je leur dois n'affaiblit point l'intérêt que je porte à celles qui sont heureuses. Cette disposition varie à l'infini mes plaisirs, et me permet de passer tout à tour de la mélancolie à la gaieté, et d'un repos sentimental à l'exaltation.

Souvent aussi je forme des intrigues amoureuses dans l'histoire ancienne, et j'efface des lignes entières dans les vieux registres du destin. Combien de fois n'ai-je pas arrêté la main parricide de Virginius et sauvé la vie à sa fille infortunée, victime à la fois de l'excès du crime et de celui de la vertu ! Cet événement me remplit de terreur lorsqu'il revient à ma pensée ; je ne m'étonne point s'il fut l'origine d'une révolution.

J'espère que les personnes raisonnables, ainsi les que âmes compatissantes, me sauront gré d'avoir arrangé cette affaire à l'amiable ; et tout homme qui connaît un peu le monde jugera comme moi que, si on avait laissé faire le décemvir, cet homme passionné n'aurait pas manqué de rendre justice à la vertu de

Virginie : les parents s'en seraient mêlés ; le père Virginius, à la fin, se serait apaisé et le mariage s'en serait suivi dans toutes les formes voulues par la loi.

Mais le malheureux amant délaissé, que serait-il devenu ? Eh bien, l'amant, qu'a-t-il gagné à ce meurtre ? Mais, puisque vous voulez bien vous apitoyer sur son sort, je vous apprendrai, ma chère Marie, que six mois après la mort de Virginie, il était non seulement consolé, mais très heureusement marié, et qu'après avoir eu plusieurs enfants il perdit sa femme, et se remaria, six semaines après, avec la veuve d'un tribun du peuple. Ces circonstances, ignorées jusqu'à ce jour, ont été découvertes et déchiffrées dans un manuscrit palimpseste de la bibliothèque Ambroisienne par un savant antiquaire italien. Elles augmenteront malheureusement d'une page l'histoire abominable et déjà trop longue de la république romaine.

CHAPITRE XXIV

Après avoir sauvé l'intéressante Virginie, j'échappe modestement à sa reconnaissance ; et, toujours désireux de rendre service aux belles, je profite de l'obscurité d'une nuit pluvieuse, et je vais furtivement ouvrir le tombeau d'une jeune vestale, que le sénat romain a eu la barbarie de faire enterrer vivante pour avoir laissé éteindre le feu sacré de Vesta, ou peut-être bien pour s'y être légèrement brûlée. Je marche en silence dans les rues de Rome avec le charme intérieur qui précède les bonnes actions, surtout lorsqu'elles ne sont pas sans danger. J'évite avec soin le Capitole, de peur d'éveiller les oies, et, me glissant à travers les gardes de la porte Colline, j'arrive heureusement au tombeau sans être aperçu.

Au bruit que je fais en soulevant la pierre qui la couvre, l'infortunée détache sa tête échevelée du sol humide du caveau. Je la vois, à la lueur de la lampe sépulcrale, jeter autour d'elle des regards égarés. Dans son délire, la malheureuse victime croit être déjà sur les rives du Cocyte.

« O Minos ! s'écrie-t-elle, ô juge inexorable ! j'aimais, il est vrai, sur la terre, contre les lois sévères de Vesta. Si les dieux sont aussi barbares que les hommes, ouvre, ouvre pour moi les abîmes du Tartare ! J'aimais et j'aime encore. – Non, non, tu n'es point encore dans le royaume des morts ; viens, jeune infortunée, reparais sur la terre ! renais à la lumière et à l'amour ! »

Cependant, je saisis sa main déjà glacée par le froid de la tombe ; je l'enlève dans mes bras, je la serre contre mon cœur, et je l'arrache enfin de cet horrible lieu, toute palpitante de frayeur et de reconnaissance.

Gardez-vous bien de croire, madame, qu'aucun intérêt personnel soit le mobile de cette bonne action. L'espoir d'intéresser en ma faveur la belle ex-vestale n'entre pour rien dans tout ce que je fais pour elle, car je rentrerais ainsi dans l'ancienne méthode ; je puis assurer, parole de voyageur, qui, tant qu'a duré notre promenade, depuis la porte Colline jusqu'à l'endroit où se trouve maintenant le tombeau des Scipions, malgré l'obscurité profonde, et dans les moments mêmes où sa faiblesse m'obligeait de la soutenir dans mes bras, je n'ai cesser de la traiter avec les égards et le respect dus à ses malheurs, et je l'ai scrupuleusement rendue à son amant, qui l'attendait sur la route.

CHAPITRE XXV

Une autre fois, conduit par mes rêveries, je me trouvai par hasard à l'enlèvement des Sabines. Je vis avec beaucoup de surprise que les Sabins prenaient la chose tout autrement que ne le raconte l'histoire. N'entendant rien à cette bagarre, j'offris ma protection à une femme qui fuyait, et je ne pus m'empêcher de rire, en l'accompagnant, lorsque j'entendis un Sabin furieux s'écrier avec l'accent du désespoir :

« Dieux immortels ! pourquoi n'ai-je point amené ma femme à la fête ! »

CHAPITRE XXVI

Outre la moitié du genre humain à laquelle je porte une vive affection, le dirai-je, et voudra-t-on me croire ? mon cœur est doué d'une telle capacité de tendresse que tous les êtres vivants et les choses inanimées elles-mêmes en ont aussi une bonne part. J'aime les arbres qui me prêtent leur ombre, et les oiseaux qui gazouillent sous le feuillage, et le cri nocturne de la chouette, et le bruit des torrents ; j'aime tout... j'aime la lune !

Vous riez, mademoiselle : il est aisé de tourner en ridicule les sentiments que l'on n'éprouve pas ; mais les cœurs qui ressemblent au mien me comprendront.

Oui, je m'attache d'une véritable affection à tout ce qui m'entoure ; j'aime les chemins où je passe, la fontaine dans laquelle je bois ; le ne me sépare pas sans peine du rameau que j'ai pris au hasard dans une haie je le regarde encore après l'avoir jeté : nous avions déjà fait connaissance ; je regrette les feuilles qui tombent et jusqu'au zéphyr qui passe. Où est maintenant celui qui agitait tes cheveux noirs. Elisa, lorsque assise auprès de moi sur les bords de la Doire, la veille de notre éternelle séparation tu me regardais dans un triste silence ? Où est ton regard ? où est cet instant douloureux et chéri ?

O Temps ! divinité terrible ! ce n'est pas ta faux cruelle qui m'épouvante ; je ne crains que tes hideux enfants, l'Indifférence et l'Oubli, qui font une longue mort de ces trois quarts de notre existence.

Hélas ! ce zéphyr, ce regard, ce sourire, sont aussi loin de moi que les aventures d'Ariane ; il ne reste plus au fond de mon cœur que des regrets et de vains souvenirs : triste mélange sur lequel ma vie surnage encore, comme un vaisseau fracassé par la tempête flotte quelque temps encore sur la mer agitée...

CHAPITRE XXVII

Jusqu'a ce que l'eau s'introduisant peu à peu entre les planches brisées, le malheureux vaisseau disparaisse englouti dans l'abîme. Les vagues le recouvrent, la tempête s'apaise, et l'hirondelle de mer rase la plaine solitaire et tranquille de l'Océan.

CHAPITRE XXVIII

Je me vois forcé de terminer ici l'explication de ma nouvelle méthode de faire l'amour, parce que je m'aperçois qu'elle tombe dans le noir. Il ne sera pas cependant hors de propos d'ajouter encore quelques éclaircissements sur cette découverte, et qui ne convient pas généralement à tout le monde ni à tous les âges. Je ne conseillerais à personne de la mettre en usage à vingt ans. L'inventeur lui-même n'en usait pas à cette époque de sa vie. Pour en tirer tout le parti possible, il faut avoir éprouvé tous les chagrins de la vie sans être découragé, et toutes les jouissances sans en être dégoûté. Point difficile ! Elle est surtout utile à cet âge où la raison nous conseille de renoncer aux habitudes de la jeunesse, et peut servir d'intermédiaire et de passage insensible entre le plaisir et la sagesse. Ce passage, comme l'ont observé tous les moralistes, est très difficile. Peu d'hommes ont le noble courage de le franchir galamment, et souvent, après avoir fait le pas, ils s'ennuient sur l'autre bord, et repassent le fossé en cheveux gris et à leur grande honte. C'est ce qu'ils éviteront sans peine par ma nouvelle manière de faire l'amour. En effet, la plupart de nos plaisirs n'étant autre chose qu'un jeu de l'imagination, il est essentiel de lui présenter une pâture innocente pour la détourner des objets auxquels nous devons renoncer, à peu près comme l'on présente des joujoux aux enfants lorsqu'on leur refuse des bonbons. De cette manière, on a le temps de s'affermir sur le terrain de la sagesse sans penser y être encore, et l'on y arrive par le chemin de la folie, ce qui en facilitera singulièrement l'accès à beaucoup de monde.

Je crois donc ne m'être point trompé dans l'espoir d'être utile qui m'a fait prendre la plume, et je n'ai plus qu'à me défendre du mouvement naturel d'amour-propre que je pourrais légitimement ressentir en dévoilant aux hommes de semblables vérités.

CHAPITRE XXIX

Toutes ces confidences, ma chère Sophie, ne vous auront pas fait oublier, j'espère, la position gênante dans laquelle vous m'avez laissé sur ma fenêtre. L'émotion que m'avait causée l'aspect du joli pied de ma voisine durait encore, et j'étais plus que jamais retombé sous le charme dangereux de la pantoufle, lorsqu'un événement imprévu vint me tirer du péril où j'étais de me précipiter du cinquième étage dans la rue. Une chauve-souris qui rôdait autour de la maison, et qui, me voyant immobile depuis si longtemps, me prit apparemment pour une cheminée, vint tout à coup s'abattre sur moi et s'accrocher à mon oreille. Je sentis sur ma joue l'horrible fraîcheur de ses ailes humides. Tous les échos de Turin répondirent au cri furieux que je poussai malgré moi. Les sentinelles éloignées donnèrent le Qui vive ? et j'entendis dans la rue la marche précipitée d'une patrouille.

J'abandonnai sans beaucoup de peine la vue du balcon, qui n'avait plus aucun attrait pour moi. Le froid de la nuit m'avait saisi ; un léger frisson me parcourut de la tête aux pieds, et, comme je croisais ma robe de chambre pour me réchauffer, je vis, à mon grand regret, que cette sensation de froid, jointe à l'insulte de la chauve-souris, avait suffi pour changer de nouveau le cours de mes idées. La pantoufle magique n'aurait pas eu dans ce moment plus d'influence sur moi que la chevelure de Bérénice ou toute autre constellation. Je calculai tout de suite combien il était déraisonnable de passer la nuit exposé à l'intempérie de l'air, au lieu de suivre le vœu de la nature, qui nous ordonne le sommeil. Ma raison, qui dans ce moment agissait seule en moi, me fit voir cela prouvé comme une proposition d'Euclide. Enfin je fus tout à coup privé d'imagination et d'enthousiasme, et livré sans recours à la triste réalité. Existence déplorable ! autant vaudrait-il être un arbre sec dans une forêt, ou bien un obélisque au milieu d'une place.

Les deux étranges machines, m'écriai-je alors, que la tête et le cœur de l'homme ! Emporté tour à tour par ces deux mobiles de ses actions dans deux directions contraires, la dernière qu'il suit lui semble toujours la meilleure ! O folie de l'enthousiasme et du sentiment ! dit la froide raison ; ô faiblesse et incertitude de la raison ! dit le sentiment. Qui pourra jamais, qui osera décider entre eux ?

Je pensai qu'il serait beau de traiter la question sur place, et de décider une bonne fois auquel de ces deux guides il convenait de me confier pour le reste de ma vie. Suivrai-je désormais ma tête ou mon cœur ? Examinons.

CHAPITRE XXX

En disant ces mots, je m'aperçus d'une douleur sourde dans celui de mes pieds qui reposait sur l'échelle. J'étais en outre très fatigué de la position difficile que j'avais gardée jusqu'alors. Je me baissai doucement pour m'asseoir, et, laissant pendre mes jambes à droite et à gauche de la fenêtre, je commençai mon voyage à cheval. J'ai toujours préféré cette manière de voyager à toute autre, et j'aime passionnément les chevaux ; cependant, de tous ceux que j'ai vus ou dont j'ai pu entendre parler, celui dont j'aurais le plus ardemment désiré la possession est le cheval de bois dont il est parlé dans les *Mille et une Nuits*, sur lequel on pouvait voyager dans les airs, et qui partait comme l'éclair lorsqu'on tournait une petite cheville entre ses oreilles.

Or l'on peut remarquer que ma monture ressemble beaucoup à celle des *Mille et une Nuits*. Par sa position, le voyageur à cheval sur sa fenêtre communique d'un côté avec le ciel et jouit de l'imposant spectacle de la nature : les météores et les astres sont à sa disposition ; de l'autre, l'aspect de sa demeure et les objets qu'elle contient le ramènent à l'idée de son existence et le font rentrer en lui-même. Un seul mouvement de la tête remplace la cheville enchantée, et suffit pour opérer dans l'âme du voyageur un changement aussi rapide qu'extraordinaire. Tour à tour habitant de la terre et des cieux, son esprit et son cœur parcourent toutes les jouissances qu'il est donné à l'homme d'éprouver.

Je pressentis d'avance tout le parti que je pouvais tirer de ma monture. Lorsque je me sentis bien en selle et arrangé de mon mieux, certain de n'avoir rien à craindre des voleurs ni des faux pas de mon cheval, je crus l'occasion très favorable pour me livrer à l'examen du problème que je devais résoudre touchant la prééminence de la raison ou du sentiment. Mais la première réflexion que je fis à ce sujet m'arrêta tout court. Est-ce bien à moi de m'établir juge dans une semblable cause ? me dis-je tout bas ; à moi qui, dans ma conscience, donne d'avance gain de cause au sentiment ? — Mais, d'autre part, si j'exclus les personnes dont le cœur l'emporte sur la tête, qui pourrai-je consulter ? Un géomètre ? Bah ! ces gens-là sont vendus à la raison. Pour décider ce point, il faudrait trouver un homme qui eût reçu de la nature une égale dose de raison et de sentiment, et qu'au moment de la décision ces deux facultés fussent parfaitement en équilibre...chose impossible ! il serait plus aisé d'équilibrer une république.

Le seul juge compétent serait donc celui qui n'aurait rien de commun ni avec l'un ni avec l'autre, un homme enfin sans tête et sans cœur. Cette étrange conséquence révolta ma raison ; mon cœur, de son côté, protesta n'y avoir aucune part. Cependant il me semblait avoir raisonné juste, et j'aurais, cette occasion, pris la plus mauvaise idée de mes facultés intellectuelles, si je n'avais réfléchi que, dans les spéculations de haute métaphysique comme celle dont il est question des philosophes du premier ordre ont été souvent conduits, par des raisonnements suivis, à des conséquences affreuses, qui ont influé sur le bonheur de la société humaine. Je me consolai donc, pendant que le résultat de mes spéculations ne ferait au moins de mal à personne. Je laissai la question indécise, et je résolus, pour le reste de mes jours, de suivre alternativement ma tête ou mon cœur, suivant que l'un d'eux l'emporterait sur l'autre. Je crois, en effet, que c'est la meilleure méthode. Elle ne m'a pas fait faire, à la vérité, une grande fortune jusqu'ici me disais-je. N'importe, je vais, descendant le sentier rapide de la vie, sans crainte et sans projets, en riant et en pleurant tour à tour, et souvent à la fois, ou bien en sifflant quelque vieux air pour me désennuyer le long du chemin. D'autres fois, je cueille une marguerite dans le coin d'une haie ; j'en arrache les feuilles les unes après les autres, en disant :

« Elle m'aime un peu, beaucoup, passionnément, pas du tout ».

La dernière amène presque toujours pas du tout. En effet, Elisa ne m'aime plus.

Tandis que je m'occupe ainsi, la génération entière des vivants passe : semblable à une immense vague, elle va bientôt se briser avec moi sur le rivage de l'éternité ; et, comme si l'orage de la vie n'était pas assez impétueux, comme s'il nous poussait trop lentement aux barrières de l'existence, les nations en masse s'égorgent au courant et préviennent le terme fixé par la nature. Des conquérants, entraînés eux-mêmes par le tourbillon rapide du temps, s'amusent à jeter des milliers d'hommes sur le carreau. Eh ! Messieurs, à quoi songez-vous ? Attendez ... ces bonnes gens allaient mourir de leur belle mort. Ne voyez-vous pas la vague qui s'avance ? Elle écume déjà près du rivage... Attendez, au nom du Ciel, encore un instant, et vous, et vos ennemis, et moi, et les marguerites, tout cela va finir ! Peut-on s'étonner assez d'une semblable démence ? Allons, c'est un point résolu, dorénavant moi-même je n'effeuillerai plus de marguerites.

CHAPITRE XXXI

Après m'être fixé pour l'avenir une règle de conduite prudente au moyen d'une logique lumineuse, comme on l'a vu dans les chapitres précédents, il me restait un point très important à décider au sujet du voyage que j'allais entreprendre. Ce n'est pas tout, en effet, que de se placer en voiture ou à cheval : il faut encore savoir où l'on veut aller. J'étais si fatigué des recherches métaphysiques dont je venais de m'occuper qu'avant de me décider sur la région du globe à laquelle je donnerais la préférence, je voulus me reposer quelque temps en ne pensant à rien. C'est une manière d'exister qui est aussi de mon invention, et qui m'a souvent été d'un grand avantage ; mais il n'est pas accordé à tout le monde de savoir en user : car s'il est aisé de donner de la profondeur à ses idées en s'occupant fortement d'un sujet, il ne l'est point autant d'arrêter tout à coup sa pensée comme l'on arrête le balancier d'une pendule. Molière a fort mal à propos tourné en ridicule un homme qui s'amusait à faire des ronds dans un puits : je serais, quant à moi, très porté à croire que cet homme était un philosophe qui avait le pouvoir de suspendre l'action de son intelligence pour se reposer, opération des plus difficiles que puisse exécuter l'esprit humain. Je sais que les personnes qui ont reçu cette faculté sans l'avoir désirée et qui ne pensent ordinairement à rien, m'accuseront de plagiat et réclameront la priorité d'invention ; mais l'état d'immobilité intellectuelle dont je veux parler est tout autre que celui dont ils jouissent et dont M. Necker a fait l'apologie. Le mien est toujours volontaire et ne peut être que momentané. Pour en jouir dans toute sa plénitude, je fermai les yeux en m'appuyant des deux mains sur la fenêtre, comme un cavalier fatigué s'appuie sur le pommeau de sa selle et bientôt le souvenir du passé, le sentiment du présent et la prévoyance de l'avenir s'anéantirent dans mon âme.

Comme ce mode d'existence favorise puissamment l'invasion du sommeil, après une demi-minute de jouissance, je sentis que ma tête tombait sur ma poitrine. J'ouvris à l'instant les yeux, et mes idées reprirent leur cours : circonstance qui prouve évidemment que l'espèce de léthargie volontaire dont il s'agit est bien différente du sommeil, puisque je fus éveillé par le sommeil lui-même, accident qui n'est certainement jamais arrivé à personne.

En élevant mes regards vers le ciel, j'aperçus l'étoile polaire sur le faîte de la maison, ce qui me parut d'un bien bon augure au moment où j'allais entreprendre un long voyage. Pendant l'intervalle de repos dont je venais de jouir, mon imagination avait repris toute sa force, et mon cœur était prêt à recevoir les plus douces impressions : tant ce passager anéantissement de la pensée peut augmenter son énergie ! Le fond de chagrin que ma situation précaire dans le monde me faisait sourdement éprouver fut remplacé tout à coup par un sentiment vif d'espérance et de courage : je me sentis capable d'affronter la vie et toutes les chances d'infortune ou de bonheur qu'elle traîne après elle.

Astre brillant ! m'écriai-je dans l'extase délicieuse qui me ravissait, incompréhensible production de l'éternelle pensée ! toi qui seul, immobile dans les cieux, veilles depuis le jour de la création sur une moitié de la terre ! toi qui diriges le navigateur sur les déserts de l'Océan, et dont un seul regard a souvent rendu l'espoir et la vie au matelot pressé par la tempête ! si jamais, lorsqu'une nuit sereine m'a permis de contempler le ciel, je n'ai manqué de te chercher parmi tes compagnes, assiste-moi, lumière céleste ! Hélas ! la terre m'abandonne : sois aujourd'hui mon conseil et mon guide, apprends-moi quelle est la région du globe où je dois me fixer !

Pendant cette invocation, l'étoile semblait rayonner plus vivement et se réjouir dans le ciel, en m'invitant de me rapprocher de son influence protectrice.

Je ne crois pas aux pressentiments, mais je crois à une providence divine qui conduit les hommes par des moyens inconnus. Chaque instant de notre existence est une création nouvelle, un acte de la toute-puissante volonté. L'ordre inconstant qui produit les formes toujours nouvelles et les phénomènes inexplicables des nuages est déterminé pour chaque instant jusque dans la moindre parcelle d'eau qui les compose : lés événements de notre vie ne sauraient avoir d'autre cause, et les attribuer au hasard serait le comble de la folie. Je puis même assurer qu'il m'est quelquefois arrivé d'entrevoir des fils imperceptibles avec lesquels la Providence fait agir les plus grands hommes comme des marionnettes, tandis qu'ils s'imaginent conduire le monde ; un petit mouvement d'orgueil qu'elle leur souffle dans le cœur suffit pour faire périr des armées entières, et pour retourner une nation sens dessus dessous. Quoi qu'il en soit, je croyais si fermement à la réalité de l'invitation que j'avais reçue de l'étoile polaire que mon parti fut pris à l'instant même d'aller vers le nord ; et quoique je n'eusse dans ces régions éloignées aucun point de préférence ni aucun but déterminé, lorsque je partis de Turin le jour suivant, je sortis par la porte Palais, qui est au nord de la ville, persuadé que l'étoile polaire ne m'abandonnerait pas.

CHAPITRE XXXII

J'en étais là de mon voyage, lorsque je fus obligé de descendre précipitamment de cheval. Je n'aurais pas tenu compte de cette particularité, si je ne devais en conscience instruire les personnes qui voudraient adopter cette manière de voyager des petits inconvénients qu'elle présente, après leur en avoir exposé les immenses avantages.

Les fenêtres, en général, n'ayant pas été primitivement inventées pour la nouvelle destination que je leur ai donnée, les architectes qui les construisent négligent de leur donner la forme commode et arrondie d'une selle anglaise. Le lecteur intelligent comprendra, je l'espère, sans autre explication, la cause douloureuse qui me força de faire une halte. Je descendis assez péniblement, et je fis quelques tours à pied dans la longueur de ma chambre pour me dégourdir, en réfléchissant, sur le mélange de peines et de plaisirs dont la vie est parsemée, ainsi que sur l'espèce de fatalité qui rend les hommes esclaves des circonstances les plus insignifiantes. Après quoi je m'empressai de remonter à cheval, muni d'un coussin d'édredon : ce que je n'aurais pas osé faire quelques jours auparavant, de crainte d'être hué par la cavalerie ; mais, ayant rencontré la veille aux portes de Turin un parti de Cosaques qui arrivaient sur de semblables coussins des bords des Palus-Méotides et de la mer Caspienne, je crus, sans déroger aux lois de l'équitation, que je respecte beaucoup, pouvoir adopter le même usage.

Délivré de la sensation désagréable que j'ai laissé deviner, je pus m'occuper sans inquiétude de mon plan de voyage.

Une des difficultés qui me tracassaient le plus, parce qu'elle tenait à ma conscience, était de savoir si je faisais bien ou mal d'abandonner ma patrie, dont la moitié m'avait elle-même abandonné. Une semblable démarche me semblait trop importante pour m'y décider légèrement. En réfléchissant sur ce mot de patrie, je m'aperçus que je n'en avais pas une idée bien claire.

« Ma patrie ? En quoi consiste la patrie ? Serait-ce un assemblage de maisons, de champs, de rivières ? Je ne saurais le croire. C'est peut-être ma famille, mes amis, qui constituent ma patrie ? mais ils l'ont déjà quittée. Ah ! m'y voilà, c'est le gouvernement ? mais il est changé. Bon Dieu ! où donc est ma patrie ? »

Je passai la main sur mon front dans un état d'inquiétude inexprimable. L'amour de la patrie est tellement énergique ! Les regrets que j'éprouvais moi-même à la seule pensée d'abandonner la mienne m'en prouvaient si bien la réalité que je serais resté à cheval toute ma vie plutôt que de désemparer avant d'avoir coulé à fond cette difficulté.

Je vis bientôt que l'amour de la patrie dépend de plusieurs éléments réunis, c'est-à-dire de la longue habitude que prend l'homme, depuis son enfance, des individus, de la localité et du gouvernement. Il ne s'agissait plus que d'examiner en quoi ces trois bases contribuent, chacune pour leur part, à constituer la patrie.

L'attachement à nos compatriotes, en général dépend du gouvernement, et n'est autre chose que le sentiment de la force et du bonheur qu'il nous donne en commun ; car le véritable attachement se borne à la famille et à un petit nombre d'individus dont nous sommes environnés immédiatement. Tout ce qui rompt l'habitude ou la facilité de se rencontrer rend les hommes ennemis : une chaîne de montagnes forme de part et d'autre des ultramontains qui ne s'aiment pas ; les habitants de la rive droite d'un fleuve se croient fort supérieurs à ceux de la rive gauche, et ceux-ci se moquent à leur tour de leurs voisins. Cette disposition se remarque jusque dans les grandes villes partagées par un fleuve, malgré les ponts qui réunissent ses bords. La différence du langage éloigne bien davantage encore les hommes du même gouvernement ; enfin la famille elle-même, dans laquelle réside notre véritable affection, est souvent dispersée dans la patrie ; elle change continuellement dans la forme et dans le nombre ; en outre, elle peut être transportée. Ce n'est donc ni dans nos compatriotes ni dans notre famille que réside absolument l'amour de la patrie.

La localité contribue pour le moins autant à l'attachement que nous portons à notre pays natal. Il se présente à ce sujet une question fort intéressante : on a remarqué de tout temps que les montagnards sont, de tous les peuples, ceux qui sont le plus attachés à leur pays, et que les peuples nomades habitent en général les grandes plaines. Quelle peut être la cause de cette différence dans l'attachement de ces peuples à la localité ? Si je ne me trompe, la voici : dans les montagnes, la patrie a une physionomie ; dans les plaines, elle n'en a point. C'est une femme sans visage, qu'on ne saurait aimer, malgré toutes ses bonnes qualités. Que reste-t-il, en effet, de sa patrie locale à l'habitant d'un village de bois, lorsque après le passage de l'ennemi le village est brûlé et les arbres coupés ? Le malheureux cherche en vain, dans la ligne uniforme de l'horizon, quelque objet connu qui puisse lui donner des souvenirs : il n'en existe aucun. Chaque point de l'espace lui présente le même aspect et le même intérêt. Cet homme est nomade par le fait, à moins que l'habitude du gouvernement ne le retienne ; mais son habitation sera ici ou là, n'importe ; sa patrie est partout où le gouvernement a son action : il n'aura qu'une demi-patrie. Le montagnard s'attache aux objets qu'il a sous les yeux depuis son enfance, et qui ont des formes visibles et indestructibles : de tous les points de la vallée, il voit et reconnaît son champ sur le penchant de la côte. Le bruit du torrent qui bouillonne entre les rochers n'est jamais interrompu ; le sentier qui conduit au village se détourne auprès d'un bloc immuable de granit. Il voit en songe le contour des montagnes qui est peint dans son cœur, comme, après avoir regardé longtemps les vitraux d'une fenêtre, on les voit encore en fermant les yeux : le tableau gravé dans sa mémoire fait partie de lui-même et ne s'efface jamais. Enfin, les souvenirs eux-mêmes se rattachent à la localité ; mais il faut qu'elle ait des objets dont l'origine soit ignorée, et dont on ne puisse prévoir la fin. Les anciens édifices, les vieux ponts, tout ce qui porte le caractère de grandeur et de longue durée remplace en partie les montagnes dans l'affection des localités ; cependant les monuments de la nature ont plus de puissance sur le cœur.

Pour donner à Rome un surnom digne d'elle, les orgueilleux Romains l'appelèrent *la ville aux sept collines*. L'habitude prise ne peut jamais être détruite. Le montagnard, à l'âge mûr, ne s'affectionne plus aux localités d'une grande ville, et l'habitant des villes ne saurait devenir un montagnard. De là vient peut-être qu'un des plus grands écrivains de nos jours, qui a peint avec génie les déserts de l'Amérique, a trouvé les Alpes mesquines et le mont Blanc considérablement trop petit.

La part du gouvernement est évidente : il est la première base de la patrie. C'est lui qui produit l'attachement réciproque des hommes, et qui rend plus énergique celui qu'ils portent naturellement à la localité ; lui seul, par des souvenirs de bonheur ou de gloire, peut les attacher au sol qui les a vus naître.

Le gouvernement est-il bon ? la patrie est dans toute sa force ; devient-il vicieux ? la patrie est malade ; change-t-il ? elle meurt. C'est alors une nouvelle patrie, et chacun est le maître de l'adopter ou d'en choisir une autre.

Lorsque toute la population d'Athènes quitta cette ville sur la foi de Thémistocle, les Athéniens abandonnèrent-ils leur patrie ou l'emportèrent-ils avec eux sur leurs vaisseaux ?

Lorsque Coriolan...

Bon Dieu ! dans quelle discussion me suis-je engagé ! J'oublie que je suis à cheval sur ma fenêtre.

CHAPITRE XXXIII

J'avais une vieille parente de beaucoup d'esprit dont la conversation était des plus intéressantes ; mais sa mémoire à la fois inconstante et fertile, la faisait passer souvent d'épisodes en épisodes et de digressions en digressions, au point qu'elle était obligée d'implorer le secours de ses auditeurs : « Que voulais-je donc vous raconter ? » disait-elle, et souvent aussi ses auditeurs l'avaient oublié, ce qui jetait toute la société dans un embarras inexprimable. Or, l'on a pu remarquer que le même accident m'arrive souvent dans mes narrations, et je dois convenir en effet que le plan et l'ordre de mon voyage sont exactement calqués sur l'ordre et le plan des conversations de ma tante ; mais je ne demande main-forte à personne, parce que je me suis aperçu que mon sujet revient de lui-même, et au moment où je m'y attends le moins.

CHAPITRE XXXIV

Les personnes qui n'approuveront pas ma dissertation sur la patrie doivent être prévenues que depuis quelque temps le sommeil s'emparait de moi, malgré les efforts que je faisais pour le combattre. Cependant je ne suis pas bien sûr maintenant si je m'endormis alors tout de bon, et si les choses extraordinaires que je vais raconter furent l'effet d'un rêve ou d'une vision surnaturelle.

Je vis descendre du ciel un nuage brillant qui s'approchait de moi peu à peu, et qui recouvrait comme d'un voile transparent une jeune personne de vingt-deux à vingt-trois ans. Je chercherais vainement des expressions pour décrire le sentiment que son aspect me fit éprouver. Sa physionomie, rayonnante de beauté et de bienveillance, avait le charme des illusions de la jeunesse, et était douce comme les rêves de l'avenir ; son regard, son paisible sourire, tous ses traits, enfin, réalisaient à mes yeux l'être idéal que cherchait mon cœur depuis si longtemps, et que j'avais désespéré de rencontrer jamais.

Tandis que je la contemplais dans une extase délicieuse, je vis briller l'étoile polaire entre les boucles de sa chevelure noire, que soulevait le vent du nord, et au même instant des paroles consolatrices se firent entendre. Que dis-je ? des paroles ! c'était l'expression mystérieuse de la pensée céleste qui dévoilait l'avenir à mon intelligence, tandis que mes sens étaient enchaînés par le sommeil ; c'était une communication prophétique de l'astre favorable que je venais d'invoquer, et dont je vais tâcher d'exprimer le sens dans une langue humaine.

« Ta confiance en moi ne sera point trompée, disait une voix dont le timbre ressemblait au son des harpes éoliennes. Regarde, voici la compagne que je t'ai réservée ; voici le bien auquel aspirent vainement les hommes qui pensent que le bonheur est un calcul, et qui demandent à la terre ce qu'on ne peut obtenir que du ciel. »

A ces mots, le météore rentra dans la profondeur des cieux, l'aérienne divinité se perdit dans les brumes de l'horizon ; mais en s'éloignant elle jeta sur moi des regards qui remplirent mon cœur de confiance et d'espoir.

Aussitôt, brûlant de la suivre, je piquai des deux de toute ma force ; et, comme j'avais oublié de mettre des éperons, je frappai du talon droit contre l'angle d'une tuile avec tant de violence que la douleur me réveilla en sursaut.

CHAPITRE XXXV

Cet accident fut d'un avantage réel pour la partie géologique de mon voyage, parce qu'il me donna l'occasion de connaître exactement la hauteur de ma chambre au-dessus des couches d'alluvion qui forment le sol sur lequel est bâtie la ville de Turin.

Mon cœur palpitait fortement, et je venais d'en compter trois battements et demi depuis l'instant où j'avais piqué mon cheval, lorsque j'entendis le bruit de ma pantoufle qui était tombée dans la rue, ce qui, calcul fait du temps que mettent les corps graves dans leur chute accélérée, et de celui qu'avaient employé les ondulations sonores de l'air pour venir de la rue à mon oreille, détermine la hauteur de ma fenêtre à quatre-vingt-quatorze pieds trois lignes et neuf dixièmes de ligne depuis le niveau du pavé de Turin, en supposant que mon cœur agité par le rêve battait cent vingt fois par minute, ce qui ne peut être éloigné de la vérité. Ce n'est que sous le rapport de la science, qu'après avoir parlé de la pantoufle intéressante de ma belle voisine, j'ai osé faire mention de la mienne : aussi je préviens que ce chapitre n'est absolument fait que pour les savants.

CHAPITRE XXXVI

La brillante vision dont je venais de jouir me fit sentir plus vivement, à mon réveil, toute l'horreur de l'isolement dans lequel je me trouvais. Je promenai mes regards autour de moi, et je ne vis plus que des toits et des cheminées. Hélas ! suspendu au cinquième étage entre le ciel et la terre, environné d'un océan de regrets, de désirs et d'inquiétudes, je ne tenais plus à l'existence que par une lueur incertaine d'espoir : appui fantastique dont j'avais éprouvé trop souvent la fragilité. Le doute rentra bientôt dans mon cœur encore tout meurtri des mécomptes de la vie, et je crus fermement que l'étoile polaire s'était moquée de moi. Injuste et coupable défiance, dont l'astre m'a puni par dix ans d'attente ! Oh ! si j'avais pu prévoir alors que toutes ces promesses seraient accomplies, et que je retrouverais un jour sur la terre l'être adoré dont je n'avais fait qu'entrevoir l'image dans le ciel ! Chère Sophie, si j'avais su que mon bonheur surpasserait toutes mes espérances ! ... Mais il ne faut pas anticiper sur les événements : je reviens à mon sujet, ne voulant pas intervertir l'ordre méthodique et sévère auquel je me suis assujetti dans la rédaction de mon voyage.

CHAPITRE XXXVII

L'horloge du clocher de Saint-Philippe sonna lentement minuit. Je comptai, l'un après l'autre, chaque tintement de la cloche, et le dernier m'arracha un soupir.

« Voilà donc, me dis-je, un jour qui vient de se détacher de ma vie ; et, quoique les vibrations décroissantes du son de l'airain frémissent encore à mon oreille, la partie de mon voyage qui a précédé minuit est déjà tout aussi loin de moi que le voyage d'Ulysse ou celui de Jason. Dans cet abîme du passé les instants et les siècles ont la même longueur ; et l'avenir a-t-il plus de réalité ? Ce sont deux néants entre lesquels je me trouve en équilibre comme sur le tranchant d'une lame. En vérité, le temps me parait quelque chose de si inconcevable, que je serais tenté de croire qu'il n'existe réellement pas, et que ce qu'on nomme ainsi n'est autre chose qu'une punition de la pensée. »

Je me réjouissais d'avoir trouvé cette définition du temps, aussi ténébreuse que le temps lui-même, lorsqu'une autre horloge sonna minuit, ce qui me donna un sentiment désagréable. Il me reste toujours un fonds d'humeur lorsque je me suis inutilement occupé d'un problème insoluble, et je trouvai fort déplacé ce second avertissement de la cloche à un philosophe comme moi. Mais j'éprouvai décidément un véritable dépit, quelques secondes après, lorsque j'entendis de loin une troisième cloche, celle du couvent des Capucins, situé sur l'autre rive du Pô, sonner encore minuit, comme par malice.

Lorsque ma tante appelait une ancienne femme de chambre, un peu revêche, qu'elle affectionnait cependant beaucoup, elle ne se contentait pas, dans son impatience, de sonner une fois, mais elle tirait sans relâche le cordon de la sonnette jusqu'à ce que la suivante parût.

« Arrivez donc, mademoiselle Branchet ! »

Et celle-ci, fâchée de se voir presser ainsi, venait tout doucement, et répondait avec beaucoup d'aigreur, avant d'entrer au salon : « On y va, madame, on y va. »

Tel fut aussi le sentiment d'humeur que j'éprouvai lorsque j'entendis la cloche indiscrète des Capucins sonner minuit pour la troisième fois.

« Je le sais, m'écriai-je en étendant les mains du côté de l'horloge ; oui, je le sais, je sais qu'il est minuit ; je ne le sais que trop. »

C'est, il n'en faut pas douter, par un conseil insidieux de l'esprit malin que les hommes ont chargé cette heure de diviser leurs jours. Renfermés dans leurs habitations, ils dorment ou s'amusent, tandis qu'elle coupe un des fils de leur existence : le lendemain ils se lèvent gaiement, sans se douter le moins du monde qu'ils ont un jour de plus. En vain la voix prophétique de l'airain leur annonce l'approche de l'éternité, en vain elle leur répète tristement chaque heure qui vient de s'écouler : ils n'entendent rien, ou, s'ils entendent, ils ne comprennent pas. O minuit ! ... heure terrible ! Je ne suis pas superstitieux, mais cette heure m'inspira toujours une espèce de crainte, et j'ai le pressentiment que, si jamais je venais à mourir, ce serait à minuit je mourrai donc un jour ? Comment ! je mourrai ? moi qui parle, moi qui me sens et qui me touche, je pourrais mourir ? J'ai quelque peine à le croire : car enfin, que les autres meurent, rien n'est plus naturel ; on voit cela tous les jours, on les voit passer, on s'y habitue ; mais mourir soi-même ! mourir en personne ! c'est un peu fort. Et vous, messieurs, qui prenez ces réflexions pour du galimatias, apprenez que telle est la manière de penser de tout le monde, et la vôtre vous-même. Personne ne songe qu'il doit mourir. S'il existait une race d'hommes immortels, l'idée de la mort les effrayerait plus que nous.

Il y a là dedans quelque chose que je ne m'explique pas. Comment se fait-il que les hommes, sans cesse agités par l'espérance et par les chimères de l'avenir, s'inquiètent si peu de ce que cet avenir leur offre de certain et d'inévitable ? Ne serait-ce point la nature bienfaisante elle- même qui nous aurait donné cette heureuse insouciance, afin que nous puissions remplir en paix notre destinée ? Je crois, en effet, que l'on peut être fort honnête homme sans ajouter aux maux réels de la vie cette tournure d'esprit qui porte aux réflexions lugubres, et sans se troubler l'imagination par de noirs fantômes. Enfin, je pense qu'il faut se permettre de rire, ou du moins de sourire, toutes les fois que l'occasion innocente s'en présente.

Ainsi finit la méditation que m'avait inspirée l'horloge de Saint-Philippe. Je l'aurais poussée plus loin s'il ne m'était survenu quelque scrupule sur la sévérité de la morale que je venais d'établir. Mais, ne voulant pas approfondir ce doute, je sifflai l'air des *Folies d'Espagne*, qui a la propriété de changer le cours de mes idées lorsqu'elles s'acheminent mal. L'effet en fut si prompt que je terminai sur le champ ma promenade à cheval.

CHAPITRE XXXVIII

Avant de rentrer dans ma chambre, je jetai un coup d'œil sur la ville et la campagne sombre de Turin, que j'allais quitter peut-être pour toujours, et je leur adressai mes derniers adieux. Jamais la nuit ne m'avait paru si belle ; jamais le spectacle que j'avais sous les yeux ne m'avait intéressé si vivement. Après avoir salué la montagne et le temple de Supergue, je pris congé des tours, des clochers, de tous les objets connus que je n'aurais jamais cru pouvoir regretter avec tant de force, et de l'air et du ciel, et du fleuve dont le sourd murmure semblait répondre a mes adieux. Oh ! si je savais peindre le sentiment tendre et cruel à la fois, qui remplissait mon cœur, et tous les souvenirs de la belle moitié de ma vie écoulée, qui se pressaient autour de moi, comme des farfadets, pour me retenir à Turin ! Mais, hélas ! les souvenirs du bonheur passé sont les rides de l'âme ! Lorsqu'on est malheureux, il faut les chasser de sa pensée, comme des fantômes moqueurs qui viennent insulter à notre situation présente : il vaut mille fois mieux alors s'abandonner aux illusions trompeuses de l'espérance, et surtout il faut faire bonne mine à mauvais jeu et se bien garder de mettre personne dans la confidence de ses malheurs. J'ai remarqué, dans les voyages ordinaires que j'ai faits parmi les hommes, qu'à force d'être malheureux on finit par devenir ridicule. Dans ces moments affreux, rien n'est plus convenable que la nouvelle manière de voyager dont on vient de lire la description. J'en fis alors une expérience décisive : non seulement je parvins à oublier le passé, mais encore a prendre bravement mon parti sur mes peines présentes. Le temps les emportera, me dis-je pour me consoler : il prend tout, et n'oublie rien en passant ; et, soit que nous voulions l'arrêter, soit que nous le poussions, comme on dit, avec l'épaule, nos efforts sont également vains et ne changent rien à son cours invariable. Quoique je m'inquiète en général très peu de sa rapidité, il est telle circonstance, telle filiation d'idées, qui me la rappellent d'une manière frappante. C'est lorsque les hommes se taisent, lorsque le démon du bruit est muet au milieu de son temple, au milieu d'une ville endormie, c'est alors que le temps élève sa voix et se fait entendre à mon âme. Le silence et l'obscurité deviennent ses interprètes, et me dévoilent sa marche mystérieuse ; ce n'est plus un être de raison que ne peut saisir ma pensée, mes sens eux-mêmes l'aperçoivent. Je le vois dans le ciel qui chasse devant lui les étoiles vers l'occident. Le voilà qui pousse les fleuves à la mer, et qui roule avec les brouillards le long de la colline... J'écoute : les vents gémissent sous l'effort de ses ailes rapides, et la cloche lointaine frémit à son terrible passage.

« Profitons, profitons de sa course, m'écriai-je. Je veux employer utilement les instants qu'il va m'enlever. »

Voulant tirer parti de cette bonne résolution, à l'instant même je me penchai en avant pour m'élancer courageusement dans la carrière, en faisant avec la langue un certain claquement qui fut destiné de tout temps à pousser les chevaux, mais qu'il est impossible d'écrire selon les règles de l'orthographe.

gh ! gh ! gh !

et je terminai mon excursion à cheval par une galopade.

CHAPITRE XXXIX

Je soulevais mon pied droit pour descendre, lorsque je me sentis frapper assez rudement sur l'épaule. Dire que je ne fus point effrayé de cet accident serait trahir la vérité, et c'est ici l'occasion de faire observer au lecteur et de lui prouver, sans trop de vanité, combien il serait difficile à tout autre qu'à moi d'exécuter un semblable voyage. – En supposant au nouveau voyageur mille fois plus de moyens et de talents pour l'observation que je n'en puis avoir, pourrait-il se flatter de rencontrer des aventures aussi singulières, aussi nombreuses que celles qui me sont arrivées dans l'espace de quatre heures, et qui tiennent évidemment à ma destinée ? Si quelqu'un en doute, qu'il essaye de deviner qui m'a frappé.

Dans le premier moment de mon trouble, ne réfléchissant pas à la situation dans laquelle je me trouvais, je crus que mon cheval avait rué et qu'il m'avait cogné contre un arbre. Dieu sait combien d'idées funestes se présentèrent à moi pendant le court espace de temps que je mis à tourner la tête pour regarder dans ma chambre ! Je vis alors, comme il arrive souvent dans les choses qui paraissent le plus extraordinaires, que la cause de ma surprise était toute naturelle. La même bouffée de vent qui, dans le commencement de mon voyage, avait ouvert ma fenêtre et fermé ma porte en passant, et dont une partie s'était glissée entre les rideaux de mon lit, rentrait alors dans ma chambre avec fracas. Elle ouvrit brusquement la porte et sortit par la fenêtre en poussant le vitrage contre mon épaule, ce qui me causa la surprise dont je viens de parler.

On se rappellera que c'était à l'invitation que m'avait apportée ce coup de vent que j'avais quitté mon lit. La secousse que je venais de recevoir était bien évidemment une invitation d'y rentrer, à laquelle je me crus obligé de me rendre.

Il est beau, sans doute, d'être ainsi dans une relation familière avec la nuit, le ciel et les météores, et de savoir tirer parti de leur influence. Ah ! les relations qu'on est forcé d'avoir avec les hommes sont bien plus dangereuses ! Combien de fois n'ai-je pas été la dupe de ma confiance en ces messieurs ! J'en disais même ici quelque chose dans une note que j'ai supprimée parce qu'elle s'est trouvée plus longue que le texte entier, ce qui m'aurait altéré les justes proportions de mon Voyage, dont le petit volume est le plus grand mérite.